ro
ro
ro

Sie haben es wirklich getan. Und es ist ein politisch unerhörter, noch nie dagewesener Vorgang, der uns alle betreffen wird. Dass sich beim Referendum am 23. Juni die Mehrheit der Stimmberechtigten für den Austritt des Vereinigten Königreiches aus der EU aussprach – im Grunde hatte niemand es geglaubt. Zerfällt jetzt Großbritannien? Oder gar Europa nach weiteren Referenden? Was bedeutet der «Brexit» für die Briten, die Europäer und für uns? Wie geht es jetzt weiter, nachdem das britische Volk gesprochen und Premier Cameron sein Amt verloren hat? Im Vereinigten Königreich, in Brüssel und in den verbliebenen 27 EU-Staaten?

Und wie konnte es überhaupt so weit kommen? England- und EU-Experte Johann-Günther König erklärt das moderne Großbritannien, Land und Leute, ihr Alltagsleben, ihre Obsessionen, ihre kulturelle und ethnische Vielfalt. Er zeigt, wie kulturelle Eigenheiten, wirtschaftliche Hybris, politische Grundsatzentscheidungen und der Zerfall gesellschaftlicher Eckpfeiler die Briten immer weiter vom Kontinent entfernt haben. Das Brexit-Votum macht die Tragik eines Landes sichtbar, das vorher schon zerrissen war und seine Probleme am falschen Ort auslebte – und damit alles nur noch schlimmer gemacht hat.

Ein kompetenter und kompakter Übersichtsband, der anhand zahlreicher Fakten über Ursachen und Folgen des Brexit informiert und sie verstehbar macht. Alles, was man jetzt wissen muss – Orientierung aufs Wesentliche im Dschungel der Berichte und Debatten.

Johann-Günther König, Dr. phil., lebt und arbeitet nach einigen Auslandsaufenthalten und einem Zwischenspiel als Manager als freiberuflicher Autor in Bremen. Zuvor hat er viele Jahre in Großbritannien gelebt.

Siehe auch www.johann-guenther-koenig.de

Johann-Günther König

Die spinnen, die Briten

Das Buch zum Brexit

Rowohlt Taschenbuch Verlag

Originalausgabe
Veröffentlicht im Rowohlt Taschenbuch Verlag,
Reinbek bei Hamburg, August 2016

Lektorat Frank Strickstrock
Das Zitat auf Seite 61 stammt aus:
John Lanchester. *Kapital.* Roman.
Aus dem Engl. von Dorothee Merkel.
© 2012 by Orlando Books Ltd. Klett-Cotta, Stuttgart 2012
Einbandgestaltung ZERO Werbeagentur, München
Illustration FinePic®, München
Satz Minion PostScript, InDesign,
bei Pinkuin Satz und Datentechnik, Berlin
Druck und Bindung CPI books GmbH,
Leck, Germany
ISBN 978 3 499 63267 9

Für meine geliebte Britin Georgina, die in Deutschland groß wurde, und meinen Freund David in Bucklebury, der mir ein zweites Zuhause bietet.

In Erinnerung an Helen Joanne «Jo» Cox (22.6.1974–16.6.2016). Die britische Labour-Politikerin und Mutter zweier Kinder, die engagiert für die Aufrechterhaltung der EU-Mitgliedschaft eintrat, wurde am 16. Juni 2016 im Vorfeld des Referendums nach einer Bürgersprechstunde in Birstall (West Yorkshire) von einem 52-jährigen Mann aus wohl rassistischen Motiven getötet.

Bremen / Bucklebury, 25. Juli 2016

Inhalt

How do you do?

How do you do? Auch nach dem Brexit-Votum, durch das sich so einiges ändern wird – wohlgemerkt in Großbritannien und der EU mit ihrer Brüsseler Schaltzentrale –, muss sich kein deutscher Tourist Sorgen machen, im Lande William Shakespeares nicht freundlich willkommen geheißen zu werden. Nur eines könnte sich ändern. Während sich in deutschen Landen auf die Frage «Wie geht's?» ein Gegenüber durchaus schon einmal zur Klage über dieses und jenes Wehwehchen hingerissen fühlt, blieb sie jenseits des Ärmelkanals bis zum Juni 2016 in aller Regel aus. Wird das auch in einem Jahr noch so sein?

Andere Länder, andere Sitten. Wenn zum Beispiel morgens die Hausdame eines Hotels freundlich lächelnd befindet: «Lovely day, isn't it?», ist der skeptische Blick gen Himmel unnötig. Schließlich kann diese Bekundung, selbst wenn es gerade die sprichwörtlichen Hunde und Katzen regnet, als Auftakt zu einem lockeren Plausch bzw. Smalltalk genutzt werden, der wiederum mit allerlei Bemerkungen über das auch in Deutschland einfach unkalkulierbare Wetter bestens verlaufen wird. Politische Sottisen oder gar kritische Anmerkungen über das Königshaus sind beim echt britischen Smalltalk tabu.

How do you do? Als die meisten der rund 46,5 Millionen wahlberechtigten Briten am 23. Juni 2016, einem ganz normalen Werktag, in die von 7 bis 22 Uhr geöffneten Wahllokale, die *polling stations*, strömten, um mit einem Kreuzchen darüber zu entscheiden, ob ihr Königreich in der EU bleiben oder austreten solle, tummelte ich mich in der Fußgängerzone von Newbury. Dieses in der Grafschaft Berkshire angesiedelte Städtchen beherbergt nicht zuletzt die Verwaltungsbauten des Vodafone-Konzerns, dessen Beschäftigte vom örtlichen Handel nur zu gern gesehen werden. In der Highstreet traf ich mittags auf mehrere Aktivistinnen und Aktivisten der Vote-Remain-Kampagne – der Befürworter der EU-Mitgliedschaft. Ich erhielt von ihnen einen schmalen blauen Werbezettel mit den durch kleine Fotos ergänzten Aussagen: mehr Jobs, niedrigere Preise, geschützte Arbeitnehmerrechte, eine bessere Zukunft. Darunter die Aufforderung: VOTE REMAIN TODAY. Einen Sticker erhielt ich auch – als ich ihn am Revers anbrachte, ging ein älterer Herr vorbei, der ein rotes Klebeschildchen mit weißer Schrift trug: VOTE LEAVE. Viele Leute mit dieser Austritts-Aufforderung an der Kleidung begegneten mir im Zentrum Newburys nicht – auch stieß ich auf keine Werberinnen und Werber der Vote-Leave-Kampagne. Stattdessen stand ich kurz darauf vor dem Marktstand eines Kurzwarenhändlers, der die Rückseite seines Stands mit einer großen Europaflagge geschmückt hatte. Als ich ihn fragte, wie er die Abstimmungslage einschätzte, meinte er: «Es wird knapp. Aber ein Austritt aus der EU wäre das Letzte, was ich zu erleben wünsche.»

In Newbury, das nicht weit von Oxford liegt, hatte ich nicht den Eindruck, dass sich die Briten für den Brexit entscheiden würden. Einige Tage zuvor, nach meiner Ankunft in Dover, indessen schon. In der Grafschaft Kent waren die orangeroten Vote-Leave-Plakate nicht zu übersehen – sie hingen nicht nur an vielen Stellwänden, sondern zu meiner Verblüffung auch an unzähligen Hauseingängen und sogar an einigen landestypischen, mit hohen kegelförmigen Dächern versehenen Darrehäusern, den *Oast Houses.* So typisch wie allgegenwärtig sind vor den Häusern Großbritanniens von jeher die bunten Stelltafeln der Hausmakler – es gibt auf der Insel keine längere Straße, in der nicht mindestens ein Verkaufs- oder SOLD-Schild ins Auge springt. Aber so viele Tafeln mit politischen Absichtsbekundungen vor Privathäusern hatte ich in England nie zuvor wahrgenommen – sie wirkten auf mich so gar nicht *British.*

In dem kleinen Nest Pett Bottom gibt es ein beliebtes Anlaufziel: das Pub *The Duck.* Es logiert in einem 1621 errichteten, langgestreckten und mit Tonschindeln verkleideten Cottage und wartet mit gescheuerten Tischen, einem offenen Feuer und köstlichen *real ales* auf, die aus den hinter der Bar unter Kühlmänteln liegenden Fässern gezapft werden. Zu den früheren Stammgästen des Landgasthofs gehörte der 1964 verstorbene James-Bond-Schöpfer Ian Fleming. Als ich, der deutsche EU-Bürger, an der Bar mit zwei jungen englischen EU-Bürgern das Gespräch suchte und dabei zaghaft gegen die zu normalen Zeiten gepflegte britische Höflichkeitsregel verstieß, nicht mit der Politik ins Haus zu fallen, blieben meine beiden Gesprächspartner zwar kurz angebunden; der eine gab mir jedoch zu verstehen, es sei höchste Zeit, dass Britannien wieder unabhängig werde und die Immigrantenflut zurückdränge, denn die Jobs würden immer schlechter bezahlt, weil die Polen und Rumänen für die Unternehmer billiger als jeder anständige Brite wären. Der andere murmelte zwischen zwei Schlucken aus dem Bierglas, es sei wirtschaftlich wenig sinnvoll, aus der EU auszutreten, aber er hätte sich noch nicht entschieden, wie er abstimmen werde. Als ich darauf etwas irritiert in die Runde schaute, tippte mir eine gerade an die Bar gekommene ältere Dame auf die Schulter. «I will vote Leave!», sagte sie. Ich fragte nach ihrem Namen – «Pamela» –, fragte, was ich ihr bestellen könne, orderte den gewünschten Cider und lauschte eine gute halbe Stunde den Argumenten, die sie mir zu meiner Verwunderung, denn politische Positionsmitteilungen sind in England bei Kneipengesprächen in der Tat unüblich, nur zu bereitwillig offenlegte.

Pamela erklärte, das Königreich müsse wieder unabhängig werden, denn nur so könne es den verlorengegangenen *self-respect* und die Identität als große Nation wiedererlangen, nur so könne es als souveräne Demokratie ohne Maßregelungen vom Europäischen

Gerichtshof seine Zukunft gestalten. «Wir müssen endlich wieder selbst über unsere Gesetze, Grenzen und Steuern bestimmen können», meinte sie nachdrücklich, nippte am Cider und schaute mir dann fest und freundlich lächelnd in die Augen. «Ich weiß, Sie hören das nicht gern als Deutscher, und glauben Sie mir, ich bin gern im Rheinland bei Bekannten und bin eine gute Freundin Ihres Landes, aber bei Licht betrachtet ist unser Land nur noch ein Satellit des von Ihren Politikern beherrschten Superstaats Europäische Union. Wir werden immer mehr von der sklerotischen Brüsseler Bürokratie gegängelt und müssen dafür viel zu viel bezahlen. Mit der von der EU ermöglichten Einwanderung kann es so nicht weitergehen. Wir haben nicht genug Wohnraum, und unsere Schulen werden platzen, wenn das so weitergeht. Ich weiß nicht, wie es Ihnen geht», beschloss sie ihre Ausführungen, «aber wir Briten haben nicht vergessen, wie übel den Griechen und Italienern mitgespielt wurde, als von ihnen gewählte Regierungen durch die EU abgesetzt wurden. Schon deshalb müssen wir unser Schicksal selbst in die Hände nehmen und nicht Brüsseler Entscheidern überlassen, die wir nie ins Amt gewählt haben und die wir nicht abwählen können.»

So weit mein kleiner Beitrag zur *oral history* des Geschehens kurz vor dem Ereignis, das die einen dann als «Independence Day» feierten und die anderen fassungslos als «Black Friday» beklagten.

Bevor ich in den folgenden Kapiteln den faktischen

Hintergrund für das Geschehen um die Abstimmung über Brexit oder Bremain skizziere und zum Verständnis der Hintergründe auf Land und Leute näher eingehe, möchte ich eine vielen Deutschen liebgewonnene Gewohnheit ansprechen. Die für das Vereinigte Königreich oder Großbritannien alternativ gern gebrauchte Bezeichnung «England» führt spätestens nach dem Übertritt der «Grenzen» zu Schottland und Wales zu Irritationen, denn dort hört England auf. Wales heißt bei den Einheimischen auch nicht Wales, sondern *Cymru.* Im Falle der unionistischen Iren sind die Dinge komplexer. Mein Kollege, der Nordire Ian Watson, schrieb mir, ich müsse den Lieblings-Chant der nordirischen Fans beachten (zur Melodie «She'll be coming round the mountain»): «We hate England more than you.» Und er vermerkte: «Mein unionistischer Vater hat immer behauptet: ‹In Dublin they hate the British and love the English, and in Belfast they hate the English and love the British.›»

Übrigens gibt es auch gewisse gesetzliche Einschränkungen für die Titulierung «Brite»; ich komme darauf zurück.

Der Zeitraum 43 bis 410 unserer Zeitrechnung liegt zwar schon ein Weilchen zurück. Aber auch in jenen Tagen fürchteten sich viele Bewohner der Insel vor Fremden, die in ihr Land strömten. Vor den Besatzern des römischen Imperiums, um genau zu sein. René Goscinny und Albert Uderzo veranlassen ihre Helden

Asterix und Obelix in einem ihrer Abenteuer dazu, sich in jener Zeit BEI DEN BRITEN umzutun. Auf einer Wagenfahrt gen London fragt Asterix den Kutscher: «Ist es noch weit bis Londinium?» – «Nein, nur ein paar Fuß. Die Römer messen die Entfernungen in Schritten, wir in Fuß!» Als sich Obelix an den Kopf fasst – «In Fuß?» –, erklärt der Kutscher: «Man braucht sechs Fuß, um zu tun einen Schritt!» Prompt entfährt Obelix der Befund: «Die spinnen, die Briten!»[1]

Noch immer? Schließlich sind die Zeiten der römischen Besatzer lange vorbei. In Form der zum Unionsvertrag erweiterten römischen Verträge sind kontinentale Einflüsse freilich höchst gegenwärtig. Und vielen Insulanern geht das offensichtlich zu weit. Auf die unbedingte Eigenständigkeit gegenüber dem Kontinent zu pochen, gehört jedenfalls in der älteren Generation zum britischen Selbstverständnis wie der Linksverkehr, das Pfund Sterling oder der – auch schwarze – Humor.

Die spinnen, die Briten? Tierisch ernst gemeint ist das natürlich nicht. Wir verstehen sie nur manchmal nicht richtig. Dem soll dieses Buch abhelfen.

Brexit

«Unser Zeitalter ist seinem Wesen nach tragisch, also weigern wir uns, es tragisch zu nehmen. Die Katastrophe ist hereingebrochen, wir stehen zwischen den Trümmern, wir fangen an, neue kleine Gewohnheiten zu bilden, neue kleine Hoffnungen zu hegen. Es ist ein hartes Stück Arbeit: Kein ebener Weg führt in die Zukunft; wir umgehen die Hindernisse jedoch oder klettern über sie hinweg. Wir müssen leben – einerlei, wie viele Himmel eingestürzt sind»[2]

So beginnt der berühmte Roman «Lady Chatterley» von D. H. Lawrence (der 1885 in Nottinghamshire geborene Literat heiratete 1914 übrigens eine Deutsche, Frieda Weekley, geborene Freiin von Richthofen). Diese Zeilen beschreiben in etwa die Stimmungslage, in der sich ein Großteil der Bevölkerung jenseits des Ärmelkanals im Sommer 2016 befindet. Am Donnerstag, dem 23. Juni, stimmten rund 46,5 Millionen wahlberechtigte Briten darüber ab, ob ihr Vereinigtes Königreich ein Mitglied der Europäischen Union bleiben oder aus dem Staatenbund austreten solle.

«Shall the United Kingdom remain a member of the European Union?»

Nach Auszählung aller 382 Wahlkreise stand am 24. Juni frühmorgens fest: Für den Austritt aus der EU entschieden sich 51,9 Prozent, für den Verbleib nur 48,1 Prozent. Es handelte sich wohlgemerkt um ein Referendum, das staatsrechtlich für die Regierung und das Parlament nicht zwingend bindend ist.

In den ersten Tagen nach dem Brexit-Votum war in deutschen Medien viel von dem Frust und der Wut bei jungen Briten die Rede, die für Remain gestimmt hatten. Gleichzeitig wurde der Generation der über 65-Jährigen ihr rückwärtsgewandter und auch nationalistischer Wille vorgehalten, weil sie mehrheitlich für den Brexit votierten. Die 18- bis 25-Jährigen müssen sich freilich ankreiden lassen, dass sie zum größten Teil nicht in den Wahllokalen erschienen. Ihre Wahlbeteiligung betrug lediglich 36 Prozent, die der über 65-Jährigen war doppelt so hoch. Die jungen Leute, so vermerkt Katrin Rönicke, «geben sich politisch und gebildet. Weltoffen und vernetzt. Reflektiert und besorgt. Besonders im Netz. Da zeigen sie YouTube-Videos, in denen sie über ihr Unglück klagen. Sie posten gebrochene Herzchen-Emojis auf Twitter. Sie kommentieren die Lage auf Facebook. Das ist jetzt alles sichtbar. Aber wo waren die Leute, während die Kampagnen durch ihr Land zogen? Wo waren die jüngeren Wähler, als es darum ging, einen gültigen Stimmzettel abzugeben?»[3]

In den ersten Tagen nach dem Brexit-Votum gab es diverse Versuche, das Ergebnis des Referendums in Frage zu stellen. Mehr als drei Millionen Briten schlossen sich einer Forderung nach einem zweiten Referendum an. In London demonstrierten Zehntausende gegen den drohenden Ausstieg, und Juristen suchten nach Wegen, das Ergebnis anzufechten, weil bei den Kampagnen falsche Versprechungen gemacht worden waren. Andere Experten legten nahe, das Parlament in Westminster könne doch sein Volk überstimmen. Von Wahlanfechtungen und einem zweiten Referendum ist inzwischen keine Rede mehr, und wenn nicht alles täuscht, hat sich im Regierungsviertel der altehrwürdigen parlamentarischen Demokratie die Auffassung durchgesetzt, den mehrheitlichen Willen von über 17 Millionen Bürgern besser nicht durch einen Parlamentsbeschluss auszuhebeln. Das Jahrhundertprojekt Europäische Union, so scheint es seit dieser denkwürdigen Abstimmung, hat viel von seiner Strahlungs- und Überzeugungskraft eingebüßt. Zweifellos nicht nur auf den Britischen Inseln. Würden gegenwärtig Volksabstimmungen in allen 28 Mitgliedstaaten der Union mit der schlichten Frage «Bleiben oder gehen?» abgehalten, wären die Briten im Zweifelsfall nicht die Einzigen, die mehrheitlich für den Austritt plädierten.

Wie aber konnte es überhaupt zu diesem Referendum kommen, und was trieb die Briten dazu an, sich knapp mehrheitlich für eine Zukunft außerhalb der EU zu entscheiden? Den Ausschlag gaben vor allem die Voten der Bewohner von England, weil in ihrer Mitte sehr viele der

EU skeptisch oder entschieden ablehnend gegenüberstehen. Für diese Haltung gibt es mehrere Gründe, auf die ich in den folgenden Kapiteln ausführlicher eingehe. Eine besondere Rolle spielte der hohe Einwanderungsdruck. Laut repräsentativen Umfragen stellt er für gut die Hälfte der Engländer ein bewegendes Problem dar. Vor allem den im Zuge der EU-Personenfreizügigkeit ins Land gekommenen Migranten aus den östlichen Mitgliedstaaten wird unterstellt, sie würden das Sozialsystem ausbeuten. Die von konservativen und rechtspopulistischen Akteuren und insbesondere von der Boulevardpresse bestärkte Angst vieler Briten vor Wohlstandsverlusten wegen Immigranten lässt sich offenbar nicht ohne weiteres aus der Welt schaffen.

Die Angst vor Wohlstandsverlusten ist in der Tat ein Problem für sich. Denn Wohlstandsverluste erleiden immer mehr Menschen im Königreich, weil die Regierung unter Premierminister David Cameron seit Jahren den Abbau sozialstaatlicher Leistungen und Gewissheiten entschieden vorangetrieben hatte. Neben der sogenannten neuen *underclass*, einer stetig wachsenden Schicht von schlecht ausgebildeten, ihrer Chancen auf gesellschaftliche Teilhabe beraubten Briten, sind auch viele der sich als *British natives* verstehenden Angehörigen der Mittelschicht seit langem geneigt, für alles, was im Land schiefläuft, nicht die Austeritäts- und Privatisierungspolitik der eigenen Regierung, sondern die EU verantwortlich zu machen.

Das zeigte sich nicht zuletzt bei den Regional- und Kommunalwahlen am 5. Mai 2016. Es kam nämlich zu keinen nennenswerten Verschiebungen, die Regierung unter Cameron wurde nicht abgestraft. Die rechtspopulistische UKIP konnte vor allem in den darbenden walisischen Industriegebieten punkten, sie gewann dort sieben Parlamentssitze hinzu. Die Labour Party schnitt trotz desaströser Prognosen recht passabel ab. Lediglich in Schottland verlor sie so viele Sitze, dass sie hinter der deutlich sozialdemokratischeren Schottischen Nationalpartei und den Tories nur mehr die drittstärkste Kraft im hohen Norden ist. Mit den zugleich abgehaltenen Londoner Bürgermeisterwahlen endete hingegen die achtjährige Herrschaft der Konservativen, weil der populäre *Brexiteer* Boris Johnson nicht wieder kandidiert hatte und der konservative Bewerber Zac Goldsmith auch wegen seiner Schmutzkampagne gegen den Labour-Kandidaten Sadiq Khan scheiterte. Die Londoner Bürgerinnen und Bürger, von denen die Hälfte längst nicht mehr weißer Hautfarbe und ohne Migrationshintergrund ist, wählten mit Sadiq Khan den Sohn einer pakistanischen Näherin und eines Busfahrers zum ersten muslimischen Bürgermeister. Und zwar nicht zuletzt, weil er sich im Wahlkampf auf die Probleme konzentrierte, die vielen Hauptstadtbewohnern auf den Nägeln brennen: die Wohnungsnot und die hohen Fahrpreise im öffentlichen Nahverkehr. Im Vorfeld des Referendums unterstützte er die *Bremainers*.

Frust, Freude, Irritation

Am 24. Juni erklärte frühmorgens Premierminister David Cameron mit brüchiger Stimme seinen Rücktritt. Allerdings nicht wie allgemein erwartet mit sofortiger Wirkung, sondern erst nach der Ernennung eines Nachfolgers oder einer Nachfolgerin im September. Was für ein Schachzug. Cameron wollte damit sicherstellen, dass nicht das britische Volk, sondern lediglich die 150 000 Mitglieder der Conservative Party den nächsten Premier inaugurieren würden. Die demokratisch eigentlich gebotene Ausschreibung von Neuwahlen, um allen britischen Wahlberechtigten die Chance zu geben, darüber abzustimmen, wem sie die Verhandlungen mit der EU über die Zukunft der gegenseitigen Beziehungen anvertrauen wollen, unterblieb aus naheliegendem Grund: dem Machterhalt der mit einer absoluten Mehrheit im Parlament ausgestatteten Tories.

Während im Radio die BBC-Redakteure und ihre Gesprächspartner aus Politik und Gesellschaft die Folgen dieses von den *Brexiteers* als «Independence Day» ausgerufenen historischen Ereignisses auszuloten versuchten, recherchierte ich das Abstimmungsverhalten in einzelnen Wahlbezirken und fragte mich, warum ich nicht wirklich überrascht vom Votum für den Austritt war, obwohl ich eigentlich ein knappes Bremain, das

Verbleiben in der EU, erwartet hatte. Schließlich hatten die Umfragen seit dem März ein Kopf-an-Kopf-Rennen vorhergesagt.

Am 24. Juni, dem von den *Remainers* sogenannten Black Friday, erwies sich die in den deutschen Medien gern als so pragmatisch und abwägend, als so weltoffen und multikulturell erprobt dargestellte britische Welt als Fiktion. Und das lässt sich nicht zuletzt auf die überwiegend auf London fixierte Berichterstattung zurückführen. Der englische Süden mit der prosperierenden Metropole London ist nicht gleich Großbritannien, ist von den anderen britischen Regionen gleichsam abgeschieden – politisch, wirtschaftlich und kulturell. Und genau das zeigte sich nach der Abstimmung. Während die Wahlbezirke im Großraum London und Umgebung wie erwartet überwiegend Bremain-Mehrheiten geliefert hatten, gab es in Mittel- und Nordengland zum Teil deutliche Brexit-Mehrheiten. Gewiss, die Schotten hatten erwartungsgemäß deutlich für Remain gestimmt, die Nordiren ebenso, aber die Waliser hatten die Vorhersagen ad absurdum geführt und mehrheitlich das Nein zur EU angekreuzt – trotz all der EU-Förderprogramme für dieses Land. Selbst die zweitgrößte britische Stadt Birmingham mit den vielen dort lebenden Studenten hatte mehrheitlich für Leave votiert, genauso wie Sheffield. Die von vielen Anhängern der Tories geprägte Stadt Bournemouth am Ärmelkanal, quasi eine Metropole von Englisch-Sprachschulen für Ausländer, in der ich selbst als junger Mann mein Englisch aufgebessert hatte, sprach sich ebenfalls deutlich mehrheitlich für den Austritt aus. Immerhin, die Leute in den berühmten Universitätsstädten Cambridge und Oxford votierten massenhaft für Remain, auch in Liverpool, Manchester und Brighton überwogen die IN-Voten klar.[4]

Der bedeutende britische Historiker und Schriftsteller Timothy Garton Ash, Direktor des European Studies Centre am St. Antony's College der Universität Oxford, kommentierte das Geschehen so: «Ich war mein Leben lang Europäer. Dieser Tag war der schlimmste meines politischen Lebens. Für mich persönlich ist der 23. Juni 2016 fast so entsetzlich, wie der 9. November 1989 großartig war. Nun müssen wir Kraft sammeln, um zu verhindern, dass es quer durch Europa einen Domino-Effekt gibt, und damit es gelingt, dass England (Schottland ist längst auf einem eigenen Weg) eine liberale, offene europäische Gesellschaft bleibt und dass Europa sich weiter nach vorn bewegen kann.»[5]

Der englische Bestsellerautor und Zoologe Matt Ridley hingegen, seines Zeichens Mitglied des Oberhauses, des House of Lords, sah die Volksentscheidung in einem ganz anderen Licht: «Der Brexit ist eine gute Sache, weil die EU Innovation erstickt. In den fünfziger Jahren mag eine zentral planende, regionale Zollunion sinnvoll gewesen sein – als es noch keine Containerschiffe gab, keine Billigfluglinien und kein Internet und bevor die Tarifpolitik der Welthandelsorganisation Geschäfte mit Australien und China so leicht gemacht hat wie mit Frankreich und Deutschland. Großbritannien wird aufblühen. Europas Bruttosozialprodukt hat sich erst jetzt auf den Stand vor der Finanzkrise zurückgeackert. Eben weil die Besessenheit, mit der die EU Währungen und Regeln harmonisiert, Innovation verhindert. So wurden wir in den digitalen Technologien abgehängt. In Europa gibt es keine Firmen, die es mit Amazon, Google, Apple und Facebook aufnehmen können.»[6]

Nachdem David Cameron am 24. Juni seinen Rücktritt erklärt hatte, dauerte es nicht lange, da verkündete die schottische Ministerpräsidentin Nicola Sturgeon, sie würde die rechtlichen Bedingungen für ein erneutes Unabhängigkeitsreferendum prüfen lassen, weil Schottland die EU keinesfalls verlassen wolle. Auch thematisierten einige Kommentatoren besorgt die durch den Brexit-Entscheid entstandene Sandwich-Situation Nordirlands und spekulierten über mögliche neue Unruhen und Gefahren für den Friedensprozess. Die von der irischen Partei Sinn Fein umgehend vorgeschlagene Abstimmung über eine Wiedervereinigung des britischen Territoriums mit der Republik Irland kam auch zur Sprache. In der politischen Landschaft des Königreichs ihrer Majestät Elisabeth II. lief an diesem Freitag offenbar etwas gewaltig schief; Großbritannien und Nordirland, so schien es, liefen Gefahr, bald kein vereinigtes Reich mehr zu sein. War da das Wissen eine Beruhigung, dass ein erneutes schottisches Unabhängigkeitsreferendum nur mit der Zustimmung des britischen Parlaments angesetzt werden kann? Oder auch die Wahrscheinlichkeit, dass die durch das Versiegen des Nordseeöls ökonomisch zunehmend geschwächten Schotten einem mit der Abspaltung wohl zwingend verbundenen Wechsel in die Euro-Währungsunion nicht zustimmen würden?

Happy Independence Day? Inzwischen liegt der 24. Juni bereits einige Zeit zurück, sind die mit dem britischen Referendum verbundenen Überraschungen groß. Der Reihe nach: Der noch amtierende britische Premier David Cameron stellte beim EU-Gipfeltreffen am 28. Juni 2016 trotz des Drängens einiger Mitglieder des Europäischen Rats nicht den offiziellen Antrag auf den Austritt aus der Union. Zwar hatte er in seiner Rücktrittsankündigung betont, «der Wille des britischen Volkes ist eine Anweisung, die befolgt werden muss»; sein zugleich geäußerter Hinweis jedoch, er gedenke nicht, «der Kapitän» zu sein, «der das Land zu diesem neuen Ziel steuert», deutete bereits auf seine Absicht hin, bei der von ihm sogenannten «konstruktiven Scheidung» selbst keine historisch nachhaltigen Schritte zu tun. Dem offiziellen EU-Gipfel folgte ein inoffizieller, bei dem die Staats- und Regierungschefs der 27 anderen Mitgliedsländer ohne Cameron zusammensaßen und in der Abschlusserklärung verlautbarten, der Austritt des Vereinigten Königreichs aus der EU müsse «in geordneter Weise vonstattengehen» und der notwendige offizielle Antrag solle «so schnell wie möglich» gestellt werden.

Von einem schnell gestellten Antrag sahen die Briten jedoch ab – trotz all der Mahnungen, «die Märkte» dürften nicht verunsichert werden. Das informelle Treffen war übrigens das seit 43 Jahren erste ohne britische Beteiligung. Seitdem steht auch fest, dass der belgische Diplomat und Ex-Kabinettschef des EU-Ratspräsidenten, Didier Seeuws, die Ausstiegs-Verhandlungen für die Union führen soll. Solange das Vereinigte Königreich Großbritannien und Nordirland kein Austrittsgesuch stellt, bleibt es mit allen Rechten und Pflichten Mitglied der Union, ist bei allen Treffen der EU-Räte teilnahme- und abstimmungsberechtigt, können und müssen keine einschlägigen Verhandlungen nach Maßgabe des seit 2009 geltenden EU-Vertrags von Lissabon gemäß Artikel 50 aufgenommen werden. Die in den Medien grassierende Rede von der EU 27 ist so gesehen irreführend, denn vor dem Herbst 2016 wird höchstwahrscheinlich kein Austrittsgesuch in Brüssel gestellt werden. Dem Volksentscheid folgte eine drei Wochen währende Geisterbahnfahrt der politischen Klasse, weil die Führungsmitglieder sowohl der konservativen Tories wie auch der mehr oder weniger sozialdemokratischen Labour Party erst einmal mit sich selbst und ihren heftigen Ränkespielen und Richtungskämpfen beschäftigt waren.

In der oppositionellen Labour Partei brach umgehend eine von den Parlamentsmitgliedern inszenierte Revolte samt Misstrauensvotum gegen den seit seiner Wahl zum Parteivorsitzenden von den *Blairisten* nicht akzeptierten

Parteilinken Jeremy Corbyn aus. Und zwar schon deshalb, weil die in den wirtschaftlich und sozial gebeutelten Regionen Nord- und Mittelenglands angestammten Labour-Wähler massenhaft für Leave und nicht, wie von der Partei offiziell empfohlen, für Remain gestimmt hatten. Dem Misstrauensvotum folgte prompt die von der Labour-Abgeordneten Angela Eagle angekündigte Kandidatur für den Parteivorsitz, ihr Kollege Owen Smith warf ebenfalls seinen Hut in den Ring; Eagle zog ihn kurz darauf zurück. Ob Corbyn seinen Widersacher auf dem Parteitag im September abschütteln kann, muss hier offenbleiben. Er beteiligte sich zwar an der Vote-Remain-Kampagne, hielt sich dabei aber zurück. Seine Position hatte er im April in der Rede «Bleiben – und reformieren» wie folgt verdeutlicht:

«Das Volk unseres Landes steht am 23. Juni 2016 vor der historischen Entscheidung, ob es weiter zur Europäischen Union gehören oder sie verlassen will. Ich begrüße es, dass diese Entscheidung nun in den Händen des britischen Volkes liegt. Ich habe in der letzten Legislaturperiode sogar für ein Referendum gestimmt [...]. Die Labour Party ist mit großer Mehrheit für den Verbleib in der EU, weil wir der Ansicht sind, dass die Europäische Union uns viel gebracht hat – Investitionen, Arbeitsplätze und Arbeits-, Verbraucher- und Umweltschutz – und dass wir die Aufgaben des 21. Jahrhunderts am besten mit der EU bewältigen können.» Corbyn forderte zugleich Reformen ein: «Die Rede ist von einer demokratischen Reform, die dafür sorgt, dass die EU den Menschen gegenüber verantwortlich ist. Einer Wirtschaftsreform, die die selbstzerstörerische Sparpolitik beendet und stattdessen Arbeitsplätze und nachhaltiges Wachstum ins Zentrum der europäischen Politik rückt. Einer Arbeitsmarktreform, die in einem wirklich sozialen Europa die Arbeitnehmerrechte stärkt und erweitert. Und von neuen Rechten für Regierungen und gewählte Organe, die die Überführung von Unternehmen in die öffentliche Hand erleichtern und den Privatisierungsdruck auf öffentliche Dienstleistungen beenden. ‹Bleiben – und reformieren›: Dafür setze ich mich ein.»[7]

Eine Oppositionspartei, die aufgrund miteinander verfeindeter Flügel in einer nationalen Krisensituation umgehend selbst zum heftigen Krisenfall geworden ist, dürfte in den kommenden Monaten wenig Rückhalt bei der verunsicherten Basis und den Sympathisanten finden. Bezeichnenderweise hatte die Vote-Leave-Kampagne mit Gisela Stuart eine Labour-Parlamentsabgeordnete zur Ko-Chefin. Die in Bayern aufgewachsene Politikerin war vor dem Referendum auch in den Medien wesentlich präsenter als viele ihrer Parteimitglieder, die für Bremain warben. Im Februar 2016 hatte sie gegenüber der deutschen Wochenzeitung *Die Zeit*, gleichsam hellsichtig vorausschauend, ihre Sicht der Dinge so dargelegt:

«Nach einem Brexit ist alles Neuland. […] Man kann doch nicht über die Folgen eines Brexit spekulieren und dabei so tun, als wäre die EU in ihrer derzeitigen Struktur eine echte Alternative. Wollen Sie im Ernst bestreiten, dass Europa gerade vor unseren Augen zerfällt? Es ist doch eindeutig, dass es so nicht weitergehen kann. Es gibt kein Wirtschaftswachstum, die Produktivität steigt nicht, es herrscht Arbeitslosigkeit, und noch viel schlimmer, es herrscht eine massive Jugendarbeitslosigkeit. Das Argument, Großbritannien katapultiere sich durch den Brexit zurück ins Zeitalter von Schwarzweißfernsehern und wirtschaftlicher Isolation, ist blödsinnig. Tatsache ist, dass die EU dringend grundlegende Reformen braucht, und ein Austritt könnte dafür möglicherweise genau die richtige Schockwirkung haben.»[8]

Gisela Stuart ist übrigens die Urheberin der bereits legendären Falschinformation der Vote-Leave-Kampagne, die da lautete: «Jede Woche senden wir 350 Millionen Pfund nach Brüssel. Es wäre besser, sie flössen in unser nationales Gesundheitssystem.»[9] Zum einen war die Summe von 350 Millionen Pfund schamlos übertrieben, weil in sie der Britenrabatt (66 %) und die Rückflüsse aus Brüssel nicht eingerechnet worden waren – derzeit fließen wöchentlich zirka 130 Millionen Pfund in die Brüsseler Töpfe. Zum anderen wurde diese Übertreibung von offiziellen Stellen umgehend korrigiert. Die führenden Köpfe der Leave-Kampagne distanzierten sich dann von ihr – allerdings erst kurz nach dem Referendum.

Neben der Selbstlähmung der 1900 begründeten

alten englischen Arbeiterpartei kann die nach dem 23. Juni massenmedial fast schon genüsslich kommentierte Rücktrittswelle von Vote-Leave-Führern nicht unerwähnt bleiben. Völlig überraschend entschloss sich der auratische Kampagnenführer, der ehemalige Londoner Bürgermeister Boris Johnson, entgegen aller Voraussagen nicht zu einer Bewerbung um die vakant gewordene Position des Premierministers. Der Tory wurde von seinem Partei- und Kampagnenkollegen, dem Justizminister Michael Gove durch dessen plötzlich verkündete eigene Kandidatur unsanft erwischt (und von Gove als nicht geeignet dargestellt). Johnson, der sehr wohl wusste, dass er bei einer Kandidatur kaum die erforderlichen Stimmen bei der Auslese durch die Tory-Parlamentarier erhalten hätte, zog sich aus dem Rennen zurück. Michael Gove wiederum wurde bei der Kandidatenwahl der Tory-Parlamentarier aussortiert und war damit ebenfalls aus dem Rennen um den Posten des Premiers. Nicht zu vergessen der rechtspopulistische UKIP-Führer Nigel Farage. Er gab den Parteivorsitz zehn Tage nach dem «Independence Day» auf und kommentierte dies mit dem Hinweis, seine «politischen Ziele» hätten sich «erfüllt». Allerdings möchte er seinen Sitz im Europäischen Parlament weiterhin für einschlägige Anti-EU-Attacken nutzen.

Die Tories zollten dem laufenden Politgeschacher nun ebenfalls Tribut. Aus dem für September geplanten Mitgliederentscheid über den neuen Premier wurde nichts. Nachdem die Parlamentarier Anfang Juli zwei Konkurrentinnen um das Amt herausgefiltert hatten – Staatssekretärin Andrea Leadsom aus dem Brexit-Lager und die Bremain-Vertreterin und Innenministerin Theresa May –, dauerte es keine Woche, bis Leadsom auf die Kandidatur verzichtete und May kurzerhand zu Camerons Nachfolgerin als Parteivorsitzende und Premierministerin bestimmt wurde. Schleunigst legte Cameron seine Ämter nieder. Als am 17. Juni der Machtwechsel über die Bühne ging, begann für Großbritannien ein neues Zeitalter. Nicht ohne weitere Überraschungen, wie wir noch sehen werden. Eine davon war die Ernennung von *Brexiteer* Boris Johnson zum Außenminister.

Dass es überhaupt ein Referendum mit der fatalen Ja-oder-nein-Fragestellung gab, die viele Briten, die ich darauf ansprach, kaum überraschend als eine Überforderung ihres jeweiligen staats- und EU-bürgerlichen Wissens empfanden, hatte nun genau jener Politiker zu verantworten, der nach dem Referendum seinen Rücktritt auf Raten bekanntgab: Tory-Chef David Cameron. Der Politiker, der im Frühjahr 2015 nach den Parlamentswahlen stolz den überraschenden Gewinn der absoluten Mehrheit durch seine Conservative Party verkündet hatte, hatte nie ein gutes Wort über die EU gefunden – ihm ging es immer nur um die wirtschaftlichen und handelsrechtlichen Vorteile, wie sie früher die EG geboten hatte.

Was Wunder, dass er im Oktober 2011 auf Druck von 81 konservativen Abgeordneten, die wiederum auf das

Erstarken der EU-feindlichen United Kingdom Independence Party (UKIP) verwiesen, die Durchführung eines Referendums zusagte, obwohl im Parlament bereits zu jener Zeit die meisten Abgeordneten einen Austritt aus der EU ablehnten. Zwar ist die Mitgliederbasis der konservativen Partei seit mehr als zwei Jahrzehnten zur guten Hälfte entweder gegen die Mitgliedschaft in der EU oder zumindest sehr EU-skeptisch, und es gibt in der Parlamentsfraktion wie auch in der Tory-Regierung zahlreiche Befürworter des Brexit. Aber David Cameron hatte während seiner Regierungszeit zweifellos ausreichenden Rückhalt, um das Wagnis einer Volksbefragung mit ungewissem Ausgang abzulehnen. Im Unterhaus hat er für die Beibehaltung der EU-Mitgliedschaft immer über eine Mehrheit (aus allen politischen Lagern) verfügt.

Der Premier nutzte nun die Anberaumung der Volksabstimmung zum einen als Druckmittel für seine durchaus erpresserischen *deals* im Europäischen Rat und hoffte andererseits darauf, sie würde der UKIP und seinen ebenso unionseuropaskeptischen Hinterbänklern den Wind aus den Segeln nehmen. Da er die gleich mehreren Mitglieder seiner Regierung, die sich für die Vote-Leave-Kampagne engagierten, nicht aus ihren Ämtern entließ, konnte in der Bevölkerung zudem nicht gerade der Eindruck entstehen, Cameron stemme sich mit aller Macht gegen einen Brexit.

Als der Premier nach dem EU-Gipfel im Februar

2016, bei dem er durchsetzen konnte, dass Großbritannien künftig nicht an dem Ziel einer «immer engeren Europäischen Union» teilnehmen müsse, die eigentlich für 2017 in Aussicht gestellte Volksabstimmung quasi über Nacht auf den Juni vorverlegte, musste er zugleich eine Wandlung vom Saulus zum Paulus vollziehen. Sie gelang ihm nicht. Denn Loblieder auf die EU oder gar den Euro, den er als Einheitswährung ablehnte, vermochte Cameron während der knapp fünf Monate langen Kampagnenperiode den britischen Bürgerinnen und Bürgern nicht vorzutragen. Viel mehr als die Beschwörung, Großbritannien könne dank seiner Verhandlungsergebnisse in Brüssel «das Beste beider Welten» erreichen – und außerdem halte man sich ohnehin erfolgreich aus allem heraus, was für das Land nachteilig sei: die Eurozone, der Schengen-Raum, die Aufnahme eines größeren Kontingents von Flüchtlingen und nicht zuletzt die auf dem Kontinent politisch angestrebte «ever closer Union» –, war von ihm nicht zu hören.

Seine Mitstreiter aus dem Unternehmer- und Finanzindustrielager malten im Verlauf der Remain-Kampagne «Britain stronger in Europe» den Abstimmungsberechtigten die Europäische Union auch nicht gerade in den schönsten Farben aus, sondern konfrontierten sie vor dem 23. Juni tagein, tagaus mit einem düsteren Szenario: Der Brexit würde den Lebensstandard senken, die Hauspreise abstürzen lassen, die Arbeitslosigkeit und Inflation befeuern und dazu führen, «dass Unternehmen aus dem Ausland nicht länger in Großbritannien investieren». Für den Zeitraum bis 2020 wurde der Verlust von fast einer Million Jobs und von fünf Prozent des Bruttoinlandsprodukts prophezeit, und es hieß, jedem einzelnen britischen Haushalt würde der Brexit den Betrag von 3700 Pfund entziehen. Außerdem würde ein Austritt unzählige weitere langfristig wirkende Nachteile haben, von denen sich das Land nicht wieder erholen könne. Nur am Rande: Der Bundesverband der Deutschen Industrie (BDI) und mit ihm der Deutsche Industrie- und Handelskammertag (DIHK) appellierten kurz vor dem Referendum an die Briten, für den Verbleib zu stimmen, denn sonst versänken die Europäer «in der Bedeutungslosigkeit». Die Wirtschaftslobby verwies auf die Risiken für die 750 000 Beschäftigten, die hierzulande Waren im Wert von etwa 90 Milliarden Euro für den Export nach Großbritannien herstellen, und die mehr als 200 000 Beschäftigten, die für britische Firmen in Deutschland tätig sind. Immerhin sei das Königreich der größte Direktinvestor in Deutschland.[10]

Obwohl kein Zweifel daran bestehen kann, dass die Mitgliedschaft des Vereinigten Königreichs in der Europäischen Union für die Einwohner bislang gewiss nicht nachteilig war, und obwohl die Remain-Kampagne im Rahmen ihrer Horrorszenarien dafür auch ausreichend Zahlen und Argumente lieferte, entschied sich die Mehrheit der Wahlberechtigten für den Brexit. Aber warum?

Zum einen stellte die Leave-Kampagne der auf Angst

vor dem ökonomischen Super-GAU setzenden Remain-Kampagne gezielt die Panikmache vor überbordender Einwanderung, Überfremdung und überhandnehmender Macht der Bürokraten in Brüssel gegenüber. Zum anderen gelang es den *Remainers* nicht, ihren Landsleuten die EU als chancenreiches Zukunftsprojekt zu vermitteln, während die *Brexiteers* es verstanden, den Austritt als große Chance zur Erlangung von «Unabhängigkeit», neuer «machtvoller Größe» und «Wiedererlangung der Kontrolle über das Land» zu verkaufen. Übrigens nahmen es manche Vertreter *beider* Kampagnen mit der Wahrheit nicht so genau, bezichtigten sich gegenseitig der Lüge und verstanden es, die facettenreiche Fragen aufwerfende Auseinandersetzung mit der EU durch extrem simplifizierte Ausführungen so zu verwischen und zu vermeiden, dass es bei der Abstimmung am 23. Juni weniger um die EU als vielmehr um die britische Innenpolitik ging. Jedenfalls stimmten Umfragen zufolge genau jene Wählerschichten für den Ausstieg, die der Regierung und dem Establishment nicht mehr über den Weg trauen. Präziser: Neben konservativen EU-Gegnern waren dies vor allem die Verlierer der Globalisierung und wirtschaftlichen Umstrukturierung, die Masse der Geringverdiener in den heruntergekommenen ehemaligen Industrieregionen in Englands Mitte und Norden. Bei ihnen verfing insbesondere die heftige Agitation einiger *Brexiteers* gegen Immigranten, gegen die EU-Bürgerinnen und Bürger aus Polen, Rumänien,

Spanien und anderen Mitgliedstaaten. Und sie stimmten für Leave, obwohl Schatzkanzler George Osborne kurz vor der Abstimmung noch gedroht hatte, im Falle eines Brexit die Steuern auf Alkohol, Benzin und anderes mehr zu erhöhen.

Einen nicht zu unterschätzenden Einfluss auf das Abstimmungsergebnis hatte im Übrigen eine Macht, der es heutzutage eigentlich gar nicht so zugetraut wird: die Presse. Eine Untersuchung der Loughborough University hat ergeben, dass in den Monaten vor dem Referendum in den reichweitenstarken britischen Zeitungen in 59 Prozent der Artikel der Austritt aus der EU propagiert wurde. Unter Berücksichtigung der Auflagen hatten die Austrittsbefürworter sogar einen 82-prozentigen Medienanteil für ihre Botschaften. Von einem informativ angemessenen Mediendiskurs über die Unionspolitik konnte folglich nicht die Rede sein.[11] Um zu verdeutlichen, in welcher Form die reichweitenstarke Presse ihrer «Informationspflicht» vor dem Referendum nachkam, zitiere ich einige der auf den farbigen Titelblättern über die halbe oder ganze Seite gezogenen Schlagzeilen vom 22. und 23. Juni 2016. DAILY MAIL: Lies. Greedy elites. Or a great future outside a broken, dying Europe. If you believe in Britain vote Leave. DAILY EXPRESS: Get Britain out of the EU. It's time to change the course of history. Vote Leave.

Am Tag der Abstimmung prangte auf der SUN (dem britischen Bildzeitungs-Äquivalent und der meistverkauften Zeitung): INDEPENDENCE DAY. Britains Resurgence. BeLeave in Britain. You can free UK from clutches of the UK.

No further comment. David Cameron wird anders als der berühmte Regierungschef Winston Churchill, auf den er sich während der Kampagne berief, als Premier in die britische Geschichte eingehen, der das Vereinigte Königreich so tief gespalten hat, wie kein demokratisch gewählter politischer Akteur vor ihm. Und zwar nicht nur aufgrund seiner Entscheidung für das Referendum, das das Königreich in zwei sich nun wieder aussöhnen müssende Bevölkerungsgruppen geteilt hat. Generell bewirkte seine seit 2010 mit Schatzkanzler George Osborne verfolgte Politik eine immer tiefere Spaltung von Arm und Reich, Immigranten und Alteingesessenen, urbanisierten Gegenden und ländlichen, Süd und Nord und nicht zuletzt der gebildeten Jugend und den um viele Wohlfahrtsgewissheiten ärmeren Älteren.

David Cameron, der bei seiner Rücktrittsankündigung betonte, er wolle «nicht der Kapitän sein», der das Land zu einem «neuen Ziel steuert», war ein rhetorisch blendender Steuermann, der die «Britannia» fahrlässig in Seenot brachte.

God Save the Queen

Das Vereinigte Königreich Großbritannien und Nordirland, so der offizielle Name der politischen Union jenseits des Ärmelkanals, existiert in dieser Form seit 1927. Damals entstand nach revolutionären Erhebungen die Republik Irland, kam es zu einer Aufspaltung der von den Engländern ab dem 12. Jahrhundert beherrschten Insel, blieb nur die nördliche Provinz Ulster im Vereinigten Königreich.

Das Königreich ist gegenwärtig die zweitgrößte Volkswirtschaft und der drittbevölkerungsreichste Mitgliedstaat der EU. Es beharrt auf der eigenen Währung Pfund Sterling, verfügt über mit Atomwaffen ausgerüstete Streitkräfte und setzt auf den Ausbau der Kernkraftwerke. Politisch ist es eine parlamentarische Monarchie. Sie ist laut einem gültigen Gesetz aus dem Jahr 1848 unantastbar. Wer sie abschaffen will, macht sich strafbar. Das Lied *God Save the Queen* – irgendwann in Zukunft *the King* – dient vor allem den Engländern als Nationalhymne. Es wurde Anfang des 19. Jahrhunderts unter dem Hannoveraner König Georg II. eingeführt und erinnert daran, dass die englische Königsfamilie rein abstammungstechnisch ziemlich deutsch, also kontinental, ist.

Die Regenten Großbritanniens stammten von 1714 bis 1901 aus dem Hause Hannover. Nach dem Tod der von 1837 bis 1901 das «goldene Zeitalter» Britanniens prägenden Königin Viktoria folgte dem Hause Hannover das von Sachsen-Coburg und Gotha (nach ihrem Mann Prinz Albert). Der Vetter von Viktorias kriegswütigem Enkel Kaiser Wilhelm II., der britische Thronfolger Georg V., trennte sich während des Ersten Weltkriegs kurzerhand von dem deutschen Namen seines Hauses und wählte den des uralten Schlosses und Zweitsitzes der Monarchen bei London: Windsor. Er wollte dem britischen Volk nicht länger die am Namen erkennbare deutsche Herkunft der Familiendynastie zumuten. Prinz Philip, seines Zeichens Duke of Edinburgh und Gemahl der Königin, entstammt übrigens väterlicherseits dem Haus Schleswig-Holstein-Sonderburg-Glücksburg und mütterlicherseits dem Haus Battenberg, einer Nebenlinie des Hauses Hessen, deren englischer Zweig sich Mountbatten nennt.

The United Kingdom besteht aus den ehemals unabhängigen Ländern England, Wales und Schottland, die geographisch Großbritannien bilden, sowie (dem ministerial verwalteten) Nordirland. Nicht zu vergessen die zahlreichen kleineren Eilande, etwa die Isle of Wight im Süden oder die zu Schottland gehörigen Hebriden, Orkney- und Shetlandinseln. Der Staat beherbergt rund 65 Millionen Einwohner. Die weitaus meisten von ihnen wohnen in England; in Schottland leben fünfeinhalb, in Wales drei und in Nordirland knapp zwei Millionen Bürgerinnen und Bürger.

Rund 80 Prozent der Briten leben in Städten. Die größte ist mit weitem Abstand London mit mehr als acht Millionen Einwohnern. Der Großraum der Hauptstadt bildet mit mehr als 14 Millionen Menschen die größte städtische Agglomeration in Europa. Die einzige weitere Millionenstadt ist Birmingham, sie zählt über eine Million Einwohner.

Die Landschaft Großbritanniens ist großartig und vielfältig – zerklüftete Gebirge in Wales und Schottland kontrastieren mit den weiten Ebenen der Midlands und den sanften Hügeln in Süd- und Westengland. Lange Strände locken in East Anglia, verträumte Felsbuchten an der Westküste. Zur Landschaft gehören jedoch auch unübersehbare Wohnwagenparks und ein rauschender Autoverkehr, der Fahrradfahrer mangels Radwegen zu waghalsigen Manövern zwingt. Neben architektonisch wenig ansehnlichen Siedlungen gibt es zahlreiche pittoreske Kleinstädte und Dörfer mit anheimelnd wirkenden Cottages. Viele gut erhaltene Herrensitze und Castles inbegriffen. Farbenfrohe Bilder von Land und Leuten werden vom deutschen Fernsehen quasi frei Haus geliefert: in den Liebesschnulzen nach Stoffen der – in England wenig bekannten – Bestsellerautorin Rosamunde Pilcher ebenso wie in den vielen übernommenen britischen Filmen und Serien, von *Inspector Barnaby* über *Downton Abbey* bis *Sherlock*.

Das kulturelle Erbe der Briten ist reich. Die öffentlichen Parks und Grünanlagen summieren sich zu einer

Fläche von sechs Milliarden Quadratmetern, es gibt rund 450 000 denkmalgeschützte Gebäude und 12 000 mittelalterliche Kirchen. Fast schon unglaublich ist das Wirken der größten nicht staatlichen Denkmalschutzorganisation der Welt, des im späten 19. Jahrhundert gegründeten National Trust. Ihm gehören dreihundert Anwesen namhafter Briten wie etwa das von Rudyard Kipling, um die sechzig Dörfer und Pubs, neun Klöster und anderes mehr. Der Trust ist der größte Landbesitzer des Königreichs und mit seinen vier Millionen Mitgliedern ebenso einflussreich wie populär – populärer als der Union Jack oder das Pfund Sterling. Mehr als zehntausend Briten helfen den Denkmalschützern jahrein, jahraus ehrenamtlich – als Führer, Kassierer, Parkplatzeinweiser. Der Besuch der Denkmalstätten dient vielen als willkommene Abwechslung und zur Erholung – zumal wenn das Geld für Reisen ins Ausland nicht reicht, und das betrifft immer mehr Untertanen Ihrer Majestät Elisabeth II. Diese wiederum harrt inzwischen länger auf dem Thron aus als alle Monarchen vor ihr. Wie heißt es in der Hymne: «Gott schütze die Königin! / Lass sie siegreich, / Glücklich und ruhmreich sein, / Auf dass sie lang über uns herrsche!»

Dem Naturerlebnis förderlich sind in Großbritannien die vielen frei zugänglichen Feld- und Wiesenwege – *public footpath* genannt. Wo Zäune sie unterbrechen, gibt es Steigstege und im Glücksfall spezielle Schwinggatter, die treffend *kissing gates* heißen. Die Pfade führen in aller Regel an einem Pub vorbei, sodass es irgendwie keinen Weg gibt, der zu weit wäre. Das Pub gilt zwar als nationale Institution, aber selbst urgemütliche Pubs fallen seit längerem unter die Kontrolle extrem profitorientierter Investoren und erfahren unvorteilhafte Modernisierungen. Unzählige haben sich inzwischen in Massenabfertigungsbetriebe oder Schnellrestaurants mit Bierausschank verwandelt. Traurig, aber wahr: Aufgrund gesellschaftlicher Veränderungen ereilt immer mehr Kneipen der Tod – «Another dead pub», kommentieren schockierte Stammgäste bzw. *locals* das Geschehen. Von den 60 000 Pubs, die beim Millennium auf der Insel gezählt wurden, sind nur mehr 45 000 in Betrieb. Die Zeiten, zu denen das Pub wie einst die anglikanische Kirche als unverzichtbare soziale Institution galt, sind vorbei.

Zum jüngeren kulturellen Erbe zählen die in den Städten allgegenwärtigen Geldautomaten. Sie funktionieren genauso wie überall sonst in Europa, haben aber die Angewohnheit, die Geldbedürftigen mit dem typisch britischen Vergnügen des Schlangestehens in Wind und Wetter vertraut zu machen. Wobei die legendäre Sitte des geduldigen *queueing* an Bahnsteigen und in viel frequentierten Pubs längst Vergangenheit ist – hier gilt das Recht des Schnelleren. Die Zeiten, zu denen in Ämtern Schlange gestanden wurde, sind dank des Nummernziehens auch vorbei. Die Arbeitslosen, die für den Bezug von Sozialleistungen täglich sieben Bewerbungen nachweisen müssen, brauchen sich schon gar nicht anzustellen, denn das lässt sich nur noch online erledigen. Das zeitraubende Schlangestehen ist übrigens in Ländern wie Italien viel ausgeprägter als in Großbritannien.

In Großbritannien ticken nicht nur die Uhren anders (dort ist es immer eine Stunde früher als in Deutschland) – das ganze Land tut es. Was bei uns die Schlafforscher fordern, ist dort bewährte Realität: Die Schule beginnt um 9 Uhr. Die hierzulande überwiegend verpönten Schuluniformen gehören auf der Insel einfach dazu, und dass ihre Trägerinnen und Träger um 16 Uhr die Stätten der Bildung verlassen, wird an den von einheitlich gekleideten Schülertrauben belebten Haltestellen deutlich. Sonntagvormittags haben übrigens nicht die Kirchen, sondern die Super- und Baumärkte den größten Zulauf.

England umfasst etwa ein Drittel der Fläche Deutschlands. Von London nach Newcastle im hohen Norden oder Cornwall im Westen beträgt die Strecke gerade einmal um die 450 km. Was für Autofahrer allerdings nicht heißt, sich blindlings auf Navigationssysteme zu verlassen und loszubrettern. Ein Kneipengespräch über die beste Route und die schönsten Rastpunkte wird im Zweifelsfall ernsthafter geführt als eines über aktuelle lokale Ereignisse. Leute, die dabei eine rauchen möchten, stehen zwangsläufig nicht vor der Theke, sondern draußen vor der Tür. Dort wiederum hängen immer häufiger Hinweise, doch bitte leise zu sein, Nachbarn würden sich sonst gestört fühlen. War das jetzt ein neuartiges Klischee? Zwei ziemlich angejahrte lauten, es würde permanent regnen und die Briten tränken pünktlich um 17 Uhr ihren Tee. Sicher ist, gegen 17 Uhr sind die Pubs und Betriebe amerikanischer Kaffeeketten in der Gegend von größeren Unternehmen und den Einkaufszentren brechend voll; und Tee ist so ziemlich das Ungewöhnlichste, was dort verlangt wird. Wobei die legendäre *cup of tea* nach wie vor zum britischen Wohlgefühl gehört – jedenfalls mehr als die EU, die für mehr oder weniger die Hälfte der über 18-jährigen Briten «not my cup of tea» ist.

Kein Mitglied wie jedes andere

Seit 1973 wirkt bzw. wirkte das Vereinigte Königreich in der 1957 gegründeten Europäischen Wirtschaftsgemeinschaft (EWG) mit, die inzwischen via EG als Europäische Union firmiert. Eigentlich sollte der Beitritt schon 1961 erfolgen. Das Gesuch wurde aber durch ein Veto des französischen Staatspräsidenten Charles de Gaulle abgelehnt. Auch der 1967 gestellte Antrag stieß auf die Ablehnung de Gaulles – er konnte sich mit dem potenziellen angelsächsischen Einfluss auf kontinentaleuropäische Fragen nicht anfreunden. Nachdem 1969 sein Nachfolger Georges Pompidou die Amtsgeschäfte übernommen hatte, stand dem EWG-Beitritt Großbritanniens nichts mehr entgegen. Nach längeren Verhandlungen durch den 1970 ins Amt gewählten konservativen Premier Edward Heath trat das Königreich am 1. Januar 1973 zusammen mit der Republik Irland und Dänemark der Gemeinschaft bei.

Allerdings wurde das Verhandlungsergebnis von der oppositionellen Labour Party als unzureichend kritisiert. Die sozialdemokratische Partei verkündete umgehend, im Falle eines Wahlsieges mit der EWG Nachverhandlungen unter anderem in den Feldern Agrar- und Wirtschaftspolitik zu führen und anschließend eine Volksabstimmung abzuhalten. Als die Labour Party im

Oktober 1974 die Wahl mit knapper Mehrheit gewonnen hatte, nahm der neue Premier Harold Wilson umgehend Nachverhandlungen mit der EWG auf und setzte einige vertragliche Änderungen durch, die bei einem Gipfeltreffen im März 1975 verankert wurden. Kurz darauf beraumte Wilson das der Bevölkerung zugesagte Referendum an. Es ging am 5. Juni 1975 über die Bühne und erheischte Antwort auf die Frage: *Do you think the United Kingdom should stay in the European Community (Common Market)?*

Und wie lautete das Ergebnis dieses ersten Referendums in der Geschichte Großbritanniens? 1975 votierten 67 Prozent der Wahlberechtigten für einen Verbleib. Vielleicht auch deshalb, weil die mit der EWG konkurrierende Europäische Freihandelszone (EFTA), die 1961 unter britischer Führung gegründet worden war, längst nicht so erfolgreich wie die zu jener Zeit wirtschaftlich prosperierende Europäische Wirtschaftsgemeinschaft funktionierte. Dass Großbritannien kein «pflegeleichtes» Gemeinschaftsmitglied sein würde, zeigte sich erneut 1984, als Premierministerin Margaret Thatcher den sogenannten Britenrabatt auf die Beitragszahlungen durchsetzte. Seitdem erhält das Königreich 66 Prozent seines EU-Nettobeitrags zurück. Damit beläuft sich der Beitragsanteil am EU-Haushalt – noch – auf etwas mehr als elf Milliarden Euro bzw. gut ein halbes Prozent des Bruttoinlandsprodukts. Der Britenrabatt bleibt nicht spurlos; er wird auf die anderen 27 Mitgliedstaaten umgelegt. Was die als «eiserne Lady» in die Geschichte eingegangene Politikerin von der EU hielt, brachte sie 1999 bei ihrem ersten öffentlichen Auftritt auf einer Parteikonferenz der Tories nach ihrem Sturz Ende 1990 so auf den Punkt: «Ich wage zu sagen, dass zu meinen Lebzeiten alle unsere Probleme vom kontinentalen Europa her gekommen sind, während alle Lösungen aus den englischsprachigen Nationen auf der Welt stammen, die die Freiheit der Gesetzestreuen für die Zukunft lebendig gehalten haben.» – «Wir sind so ziemlich das beste Land in Europa.»[12]

Die antikontinentale Rede der zu dieser Zeit politisch längst nicht mehr bedeutenden Baroness Thatcher (sie verstarb 2013) wurde am Ausgang des 20. Jahrhunderts von vielen Mitgliedern der Tories nun nicht etwa als alterswirre Entgleisung aufgenommen, sondern gleichsam als Ansporn, den Austritt aus der ungeliebten, ja teils verhassten Europäischen Gemeinschaft (da war die EU noch gar nicht aus der Taufe gehoben) in Parteikreisen gezielt voranzutreiben. Thatchers jedenfalls im Wortsinn verquere Auffassung, dass «Europa insgesamt ein Fehler» war, nistete sich in der Folgezeit bei vielen Konservativen im Hinterkopf ein, und der 1999 als Schattenkabinetts-Außenminister unter dem Oppositionsführer William Hague dienende Tory John Maples tönte schon damals, die nächste Tory-Regierung würde die Römischen Verträge neu verhandeln.

Der bis zum Juli 2016 dem Königreich noch als Premierminister vorstehende David Cameron teilte seit seinem Amtsantritt im Jahr 2010 Thatchers Abneigung gegen souveränitätsbeschneidende unionseuropäische Gestaltungsvorstellungen. Er verhehlte nie, dass seines Erachtens die Briten «eine andere Vision von Europa» haben und ihre durch die EU-Verträge relativierte nationalstaatliche Souveränität möglichst weitgehend zurückerobern sollten. Zugleich übernahm der smarte Politiker, der im elitären Eton College und Brasenose College der Universität Oxford ausgebildet wurde, nicht nur die neoliberale Agenda der 2013 verstorbenen Baroness Thatcher, nach der Märkte generell besser funktionieren als kollektive Vorsorge, sondern dehnte sie mit seiner Regierung nachhaltig auf alle gesellschaftlichen Bereiche aus.

David Camerons letzte große politische Stunde schlug beim EU-Gipfel vom 18./19. Februar 2016. Dort erreichte er in zähen Verhandlungen mehr, als manche Weggefährten ihm zugetraut hatten. Freilich nur unter der vom Europäischen Rat beschlossenen Bedingung, dass sich seine Landsleute bei der Volksabstimmung auch für den Verbleib in der Europäischen Union entscheiden. Nach einem Bremain sollte es im Wesentlichen folgende Zugeständnisse geben: die Aussetzung von Sozialleistungen, wenn durch einen «außergewöhnlich großen Zustrom» in einem EU-Mitgliedstaat dem Gesundheitssystem, dem sozialen Sicherheitsnetz und dem Arbeitsmarkt «Überlastung» drohen. Diese Notbremse sollte dann von allen 28 Mitgliedstaaten beantragt werden können und nur für zukünftig neu hinzuziehende EU-Bürgerinnen und -Bürger gelten (maximal für vier Jahre, nachdem diese eine Arbeit aufgenommen haben). Eine weitere Veränderung stand im Bereich der Leistungen für Kinder an. Für diejenigen von ihnen, die in einem anderen EU-Land aufwachsen, sollten künftig die Leistungen an den dort üblichen Beträgen ausgerichtet, sprich im Regelfall verringert werden. Nicht zu vergessen die ausschließlich dem Vereinigten Königreich zugesagte Sonderregelung, dem in der Präambel der EU-Verträge stipulierten «Prozess der Schaffung einer immer engeren Union der Völker Europas» nicht länger folgen zu müssen.

Was war von diesen Absprachen, die der Brexit-Entscheid – vorerst – aushebelte, zu halten? Zunächst einmal hätten die vereinbarten Einschränkungen der Sozialleistungen für EU-Migranten an dem Wunsch nach Einwanderung in Großbritannien und in andere wirtschaftlich starke EU-Mitgliedstaaten wenig geändert. Auch wäre ihr tatsächlicher finanzieller Entlastungseffekt wohl recht gering gewesen. Was sich im Falle des Bremain geändert hätte, wäre dennoch keine Kleinigkeit gewesen, denn dann hätte die im Lissabonner EU-Vertrag verankerte Arbeitnehmerfreizügigkeit jenseits des Ärmelkanals ihren Namen nicht mehr verdient gehabt. Zum Hintergrund: Das auf staatlichen Leistungen beruhende britische System subventioniert den auf der Insel sehr ausgeprägten Niedriglohnsektor – sehr zum Wohle der Unternehmer, die auf diese Weise Lohnkosten sparen. Im Falle des Bremain wären zukünftig zwar die prekären Jobs von Briten weiterhin mit staatlichen Zuschüssen aufgestockt worden, die von neu hinzuziehenden Arbeitnehmern aus anderen EU-Ländern jedoch nicht.

Symbolkräftig sind die unter dem erpresserischen Druck von Cameron getroffenen Entscheidungen des EU-Rates dennoch, und zwar schon deshalb, weil sie trotz des Brexit-Votums womöglich in leicht veränderter Form wieder auf die Agenda des Europäischen Rats kommen. Erstens betreffen sie ausgerechnet die bislang ohnehin sträflich vernachlässigte EU-Sozialpolitik, obliegt die Gestaltung des Sozialsystems doch den Mitgliedstaaten. Zweitens war die vom Rat der EU ausschließlich dem Vereinigten Königreich zugesagte Sonderregelung, dem vertraglich stipulierten «Prozess der Schaffung einer immer engeren Union der Völker Europas» nicht länger folgen zu müssen, ein katastrophaler Kompromiss. Dieses Zugeständnis stellte schließlich genau den historisch mühsam erreichten Prozess in Frage, der 1993 mit der Gründung der EU die nationalen Egoismen zum Wohle der Menschen im «europäischen Haus» ein für alle Mal zurückdrängen sollte. Es lag bzw. liegt zudem auf einer Linie mit den austeritätspolitischen Entscheidungen, die seit der Finanzkrise 2007/2008 insbesondere die südlichen Mitgliedstaaten der Eurozone in eine ökonomische und wohlfahrtsstaatliche Dauerkrise gravierenden Ausmaßes getrieben haben. Ganz zu schweigen von den politischen Folgen der sogenannten Flüchtlingskrise, die die Union in einen zerstrittenen Haufen nationalistisch agierender Einzelstaaten hat zerfallen lassen.

Während Premier Cameron sein Verhandlungsergebnis beim Februar-EU-Gipfeltreffen zum Anlass nahm, den Briten ein laues YES bei der Volksabstimmung zu empfehlen und das bis zum Referendum im Zusammenspiel mit diversen Wirtschaftsverbänden, Prominenten, vielen namhaften Kulturschaffenden, Barack Obama, fast allen Gewerkschaften, großen Teilen der Labour Party, den Liberaldemokraten, Grünen sowie der schottischen und walisischen Nationalpartei auch tat, reagierten die Betreiber des Brexit ungehalten. Nigel Farage von der rechtspopulistischen United Kingdom Independence Party (UKIP) stufte das Erreichte als «wahrhaft armseligen Deal» ein, und auch viele Kommentatoren der einflussreichen britischen Boulevardpresse sowie seriöser Medien ließen außer dem Lob an Camerons persönlichem Einsatz keinen Zweifel an ihrer Unzufriedenheit mit den Beschlüssen des Europäischen Rats.

«All der verlorengegangene Schlaf, und wofür?», fragte die der EU wahrlich nicht gewogene, viel gelesene *Daily Mail* nach dem Gipfel und antwortete postwendend selbst mit dem Befund: «Wenn man einen Augenöffner braucht, warum die EU nicht funktioniert, muss man nur das Marathon-Affentheater ansehen, das sich diese

Woche in Brüssel ereignete. (…) 28 ungleiche Nationen, jede mit ihrer eigenen Agenda, die sich über Klauseln und Unterklauseln in den Haaren liegen, die so kleinlich sind, dass sie ehrlich gesagt wenig oder gar nichts bedeuten.»[13] Das Boulevardblatt, das fleißig an den Heimatstolz appelliert und Überfremdungsängste bedient, rief den Premier dazu auf, «den Wählern offen und ehrlich zu sagen, dass er dabei gescheitert ist, einen würdigen Deal zu erreichen». Auch die eher seriöse *Times* meinte, Cameron habe «nicht geliefert», sondern stattdessen einen «dünnen Haferbrei» aus Brüssel heimgebracht und sich an ein Europa gekettet, «dessen östliche Mitglieder entschlossen bleiben, zu günstigen Konditionen den Zugang zum britischen Arbeitsmarkt zu erhalten».[14] Der *Telegraph*, das Leib-und-Magen-Blatt der Tories, befand, die EU könne «die Herausforderungen politischer Krisen» einfach nicht meistern. Und es frohlockte, Großbritannien habe mit dem Referendum endlich die Chance, «sein Schicksal in die eigenen Hände zu nehmen».[15]

Das Vereinigte Königreich tut sich zwar noch schwer damit, das Brexit-Schicksal «in die eigenen Hände zu nehmen». Aber was nicht ist, kann ja noch werden.

Spätestens seit der EU-Parlamentswahl im Mai 2014, aus der die UKIP überraschend als stärkste britische Partei hervorging, stand nicht die zunächst von Cameron favorisierte institutionelle EU-Reform zugunsten einer Re-Nationalisierung vieler Politikfelder im Vordergrund, die bei den mächtigen Akteuren im Europäischen Rat auf Widerstände stieß und weiterhin stößt, weil sie eine Neuverhandlung der Unionsverträge mit all den damit verbundenen Sonderwünschen und Ungewissheiten so fürchten wie der Teufel das Weihwasser, sondern die Einwanderung. UKIP-Chef Nigel Farage brachte beim Anlauf der Brexit-Kampagne *Vote Leave* die unüberles- und unüberhörbare (mit einer grotesk überzogenen Summe garnierte) Forderung ein: «Lasst uns die EU verlassen, die Grenzen kontrollieren, unser eigenes Land führen und aufhören, jeden Tag 55 Millionen Pfund nach Brüssel zu überweisen.»[16]

Insbesondere die unionseuropäische Arbeitnehmerfreizügigkeit war und ist den beinharten *Brexiteers* ein Dorn im Auge. Schauen wir einmal genauer hin. Offiziellen Angaben zufolge leben gut 3,3 Millionen Menschen aus anderen EU-Mitgliedstaaten in Großbritannien. Von ihnen haben 2,1 Millionen eine steuerpflichtige Beschäftigung. Einmal abgesehen von der Tatsache, dass andererseits rund 1,2 Millionen Briten in anderen EU-Mitgliedstaaten zu Hause sind – vor allem in Spanien, Irland, Frankreich und Deutschland –, stellt sich die Frage, warum ausgerechnet die im Rahmen der Arbeitnehmerfreizügigkeit nach Britannien kommenden Menschen mit Unionsbürgerschaft als Problem betrachtet werden.

Generell steigen seit Ende der 1990er Jahre die Einwanderungszahlen erheblich. Während zu jener Zeit das Königreich eine Nettozuwanderung von jährlich um die 50 000 Menschen verzeichnete, wächst sie seit dem Millennium um 200 000 – in manchen Jahren sogar um deutlich mehr als 300 000 Menschen (wie etwa 2015). Die Population Großbritanniens nimmt wahrlich rapide zu; bemerkenswerterweise jedoch überwiegend nicht durch in der EU geborene Migranten. Und das vor dem Hintergrund eines seit längerem extrem angespannten Wohnungsmarktes, des zunehmend kaputt gesparten staatlichen Gesundheitssystems sowie diverser infrastruktureller Mängel. Die Unzufriedenheit großer Teile der eingesessenen Bevölkerung mit der Einwanderungspolitik war bereits 2010 nicht zu überhören, als der frisch gewählte Premier David Cameron versprach, die Nettoimmigration unter jährlich 100 000 Zuwanderer zu drücken. Dass er dieses Versprechen bei weitem nicht einhalten konnte, liegt paradoxerweise an der von den konservativen Politikern seit Thatchers Zeiten betriebenen Politik. Die von ihnen vorangetriebene Schwächung des industriellen Sektors und Förderung des Dienstleistungssektors hat zu einer starken Ausweitung des Niedriglohnsektors geführt, der immer mehr Migranten ins Land lockt. Und das wiederum führt in dem inzwischen auf Dienstleistungen fixierten Land mit politisch sehr geschwächten Gewerkschaften zu einem steigenden Druck auf die Lohnentwicklung, die insbesondere ältere und unausgebildete britische Arbeitnehmer ins Hintertreffen geraten lässt. Sie suchen die «Schuld» für diese Entwicklung freilich nicht bei «denen da oben», sondern

– ganz im Sinne vieler *Brexiteers* – bei den Immigranten und der EU.

Laut Bevölkerungsumfragen steht fast die Hälfte der wahlberechtigen Briten der EU ablehnend gegenüber. Dem British Attitudes Survey 2015 zufolge können immerhin 65 Prozent der Bevölkerung als EU-skeptisch gelten. Und das, obwohl dem *thing*, wie die EU spöttisch genannt wird, von den britischen Regierungen einige bemerkenswerte Ausnahmeklauseln abgerungen wurden. Kein anderer Mitgliedstaat hat mehr *opt-out's* zu Buche stehen. So erhält das Königreich nach wie vor den Beitragsrabatt, nimmt nicht an der Justiz- und Innenpolitik der Union teil, ist kein Mitglied des den Güterverkehr und das Reisen erleichternden Schengen-Raums und vertraglich nicht gezwungen, jemals den Euro einzuführen (wie auch Dänemark). An die in den EU-Vertrag von Lissabon integrierte Charta der Grundrechte ist es auch nicht gebunden.

De facto gehört bzw. gehörte Großbritannien nicht zu der im Lissabonner Vertrag von 2009 fixierten integrativen EU. Es genießt bis zum tatsächlichen Brexit einen Sonderstatus, der vor allem die Teilnahme am gemeinsamen Markt ermöglicht. Und zwar nicht zuletzt, weil die deutsche Regierung unter Angela Merkel die britische unter David Cameron als verbündet betrachtete und sich nicht gegen die Gewährung von Sonderrechten stemmte. Die seit der Finanzkrise waltende harsche Austeritätspolitik samt Fiskalpakt, die insbesondere die südlichen Mitgliedstaaten in der Krise gefangen hält, wäre ohne die Unterstützung der neoliberalen britischen Regierung ja so nicht durchsetzbar gewesen.

Den britischen Nationalisten, vielen Konservativen und zumal den auflagenstarken Boulevardzeitungen, das zeigte sich in den Monaten vor dem Referendum, reichten die bisher gewährten «Extrawürste» bei weitem nicht aus. Sie speisten den Unmut gegenüber «Brüssel» und seine «immer neue Richtlinien» und «Diktate» ausheckenden Bürokraten im «Lügenschloss» selbst mit völlig abstrusen Geschichten. Die *Daily Mail* zum Beispiel teilte den Leserinnen und Lesern am 22. Juni noch einmal mit, die EU sei nichts als ein Tummelplatz der Eliten und des Establishments, deren millionenschweren Einkünfte sicher seien, während die Arbeiterklasse durch den «Import» billiger Immigrantenarbeitskräfte mit stagnierenden Geringverdiensten abgespeist würde. Das heißt im Klartext: «Die Reichen, die Mächtigen und ihre ureigenen Interessen werden einen großen Stoßseufzer der Erleichterung entweichen lassen und mit einem Glas Dom Pérignon darauf anstoßen, wenn sie ihr Remain bekommen, wenn sie es geschafft haben, die von ihnen verachteten, hart arbeitenden und Steuern zahlenden Menschen weiterhin für ihr Absahnen einzuspannen.»[17]

Zum Vorlauf: Als Mitte der 1990er Jahre die Einführung des Euro auf die Tagesordnung kam, wollten die Tories Mutter Britannien nicht in Euro-Ketten sehen und setzten die Beibehaltung des Pfund Sterling durch. Zudem bildete sich in jenen Tagen eine Gruppe aus politischen Funktionsträgern und Journalisten heraus, die seitdem immer lauter die Trommel für den Austritt aus der EU schlug. Zu ihr gehörte immerhin ein Viertel von Camerons Kabinettsmitgliedern, und zu ihr gehörte auch Boris Johnson. «Bo Jo» wirkte in den 1990er Jahren als Brüsseler Korrespondent und Top-Kolumnist des *Telegraph.* Er wirbelte schon zu jener Zeit viel Staub mit seinen Feldzügen gegen die EU-Bürokratie auf und zündete damit die Lunte der schließlich lodernden Brexit-Kampagne.

Nehmen wir einmal an, die britischen Bürgerinnen und Bürger hätten am 23. Juni für den Verbleib in der EU gestimmt. Das wäre von nicht minder geschichtsträchtiger Bedeutung gewesen, denn ihr YES hätte die EU wohl eher geschwächt, denn gestärkt. Jedenfalls wäre die Gefahr noch größer geworden, dass die angestrebte politisch immer engere Union und die prinzipielle Chance, sie zu einer Wohlfahrtsunion weiterzuentwickeln, zum historischen Auslaufmodell verkommt. Die Großbritannien vom Europäischen Rat im Februar 2016 zugesagten Sonderrechte und «Notbremsen» hätten nach einem Remain in einigen anderen Mitgliedstaaten im Zweifelsfall einschlägige Begehrlichkeiten geweckt. Das europaweit massive Aufkommen rechtsnationalistischer Parteien dürfte ohnehin dazu beitragen, dass weiterhin ein Sonderrecht das nächste gebiert. Und noch ein Satz für die

Geschichtsbücher: David Cameron ließ nach dem EU-Gipfel im Februar 2016 wissen: «I'm interested in Britain's ability to bend the world to our way of thinking.» Auf gut Deutsch: «Mir geht es darum, dass Britannien die Welt nach eigenem Bilde formen kann.» Sorry, aber hier stimmte es: Die spinnen, die Briten.

Weil David Cameron und seine konservative Partei es so wollten, haben sich die EU-Institutionen und der Europäische Rat ein gutes Jahr lang darum bemüht, den drohenden Abfall Großbritanniens und den von nicht wenigen befürchteten Zerfall der Union abzuwenden. Und das während einer historischen Situation, in der die EU gewaltigen Problemen ausgesetzt war und weiterhin ist, weil weder die Eurokrise noch der wirtschaftliche Niedergang vieler Regionen auch nur halbwegs abgewendet sind. Die im Verlauf der «Flüchtlingskrise» von den Führungseliten der EU und ihrer Mitgliedstaaten eingeführten Abwehrpraktiken und *deals* mit der Türkei verstoßen zudem immer offensichtlicher gegen die viel beschworenen demokratischen Grund- und Menschenrechte. Wie heißt es doch im geltenden EU-Vertrag: «Die Werte, auf die sich die Union gründet, sind die Achtung der Menschenwürde, Freiheit, Demokratie, Gleichheit, Rechtsstaatlichkeit und die Wahrung der Menschenrechte einschließlich der Rechte der Personen, die Minderheiten angehören.»

Die Eliten der Europäischen Union werden in nächster Zukunft stärker als vor dem 23. Juni 2016 unter Druck stehen, den EU-Bürgerinnen und -Bürgern mehr zu bieten als Austeritätsprogramme und ständige Krisengipfel. Zumal die Trennung der Union in eine Eurozone mit 19 finanziell zum Teil arg strangulierten Mitgliedstaaten und eine Euro-lose Zone mit derzeit acht, bald sieben Mitgliedern, nicht gerade frohe Hoffnungen auf die Zukunft weckt.

Very British – was heißt das heute?

Für Kontinentaleuropäer, die das erste Mal Großbritannien aufsuchen, dürfte der unentwegte Gebrauch der Höflichkeitsformeln *please, thank you* und *sorry* überraschend sein. Selbst die außer Dienst an einem vorbeifahrenden Busse halten sich an diese Regel: «Sorry, I'm not in service.» Auch in den Geschäften gibt es die schönsten Überraschungen, wenn eine Kassiererin das Wechselgeld zum Beispiel mit den Worten überreicht: «Here are you, love!» Das geschieht zwar ziemlich häufig, gilt aber nicht als spontane Liebesbekundung.

In Großbritannien lebt es sich in mehr oder weniger jeder Hinsicht anders als in Deutschland, so sind die Nahrungs- und Getränkevorlieben – zum Beispiel *curries, fish & chips* und *crisps* (Chips in allen nur denkbaren Geschmacksrichtungen) sowie die Teezubereitung und das *real ale* – ebenso unterschiedlich wie die generell für das Überleben, Gesundbleiben, Geldverdienen und den Sozialleistungsbezug üblichen Regelungen. Very British eben. Wie wäre es mit einem Beispiel aus der Praxis, das weiß Gott nicht herbeifabuliert ist? In dem zeitkritischen Roman «Kapital» von John Lanchester zieht es den zugewanderten polnischen Handwerker Zbigniew eines Abends in einen ziemlich vollen Pub im Süden Londons:

«Wenn Zbigniew gezwungen wäre, London in einem einzigen Bild zusammenzufassen, würden ihm auf Anhieb ein paar Möglichkeiten einfallen: eine Gruppe junger polnischer Männer, die in ihrer Wohnung sitzen, Socken tragen und Fernsehen gucken; ein Holzbrett, das man auf zwei Mülleimer vor einem Haus gelegt hat, um einen Parkplatz für den Umzugswagen zu reservieren; oder der Park an einem Wochenende im Sommer, wenn sich überall, so weit das Auge reicht, ungeschützte weiße Haut der brennenden Sonne aussetzt. Aber der Gewinner wäre zweifellos die Hauptstraße an einem verkehrsreichen Abend, voller Menschen, die fest entschlossen sind, sich zu betrinken – die hektische Betriebsamkeit, der ganz eigene Klang des Lärms, der Sex, die Wut, die Hysterie. Zbigniew hatte früher einmal gedacht, die Engländer seien ein gemäßigtes, zurückhaltendes Volk. Er musste lachen, wenn er sich jetzt daran erinnerte. Das stimmte nämlich überhaupt nicht. Sie tranken wie die Verrückten. Sie tranken, um sich glücklich zu fühlen, aber auch, weil Alkohol ein Selbstzweck war. Trinken war eine gute Sache, und die Leute verlangten nach guten Sachen, wollten immer mehr davon. Weil also Alkohol gut war, konnten die Engländer nicht genug davon kriegen. Wenn es um Alkohol ging, waren sie ganz wie Buzz Lightyear: Bis zur Unendlichkeit und noch viel weiter.»[18]

Schon mal vom *binge drinking* gehört? Wir würden vom Trinken bis zum Abwinken sprechen, und genau das fasziniert insbesondere die jüngeren Leute in großstädtischen Arealen sehr. Das Konsumieren von Alkohol bzw. *booze*, bis der komatöse Zustand zwangsläufig Einhalt gebietet, gehört am Wochenende zum zuweilen wahrlich ausschweifenden britischen Leben. Dass Wahlen und Abstimmungen wie die am 23. Juni nicht an einem Sonntag, sondern immer an einem Donnerstag durchgeführt werden, hat auch damit zu tun. Die Politiker meinen, dass die Wahlberechtigten nach den samstäglichen Gelagen einfach noch nicht wieder fit genug sind, sich auf den beschwerlichen Weg zur Wahlurne zu machen.

Die spinnen, die Briten? Vorsichtshalber möchte ich erwähnen, dass sich die Bezeichnung Brite gemeinhin nicht gerade großer Beliebtheit erfreut. Trotz der seit Jahrhunderten bestehenden Union wertschätzen sowohl die Engländer als auch die Schotten, Waliser und katholischen Nordiren die Betonung ihrer jeweiligen, als eigenständig verstandenen Nationalität. Einen Schotten in seiner Gegenwart als British anzusprechen, kann ein Gespräch in null Komma nix abwürgen. Bei Spielen der Fußball-, Rugby- oder Cricket-Nationalmannschaften gegeneinander wird das jeweilige Nationalbewusstsein denn auch aufs schönste hör- und sichtbar. Die Engländer etwa schwenken dann ihre weiße Flagge mit dem roten Georgskreuz.

Briten sind schon rein gesetzlich nicht gleich Briten. Dem British Nationality Act zufolge gibt es gleich drei verschiedene Arten: British Citizen, British Dependent

Territories Citizen und British Subjects without Citizenship. Nur British Citizens haben ein Recht auf uneingeschränkten Aufenthalt im Vereinigten Königreich. Für Wahlen und Referenden können sich nur jene Wahlberechtigten registrieren lassen, die British Citizen und zugleich – noch – Unionsbürger sind. Als waschechter Brite kann sich wähnen, wer im Inland geboren wurde oder einen Elternteil hat, der British Citizen ist, und zumal, wer dauerhaft entweder in England, Schottland, Wales oder Nordirland (Ulster) lebt.

Umfragen zufolge ist von dem alten Machtbewusstsein der einst so dominanten Engländer nicht allzu viel übrig geblieben. Statt aus ihrer imperialen Geschichte beziehen sie ihren Stolz gegenwärtig vor allem aus vertrauten Riten wie dem Schlangestehen und Teetrinken, dem Fairplay und der Höflichkeit, dem Cricketspiel und der Vorliebe für *fish & chips* und *roast beef*. Ihr nationaler Feiertag, der St. George's Day am 23. April, wäre bezeichnenderweise fast in Vergessenheit geraten, wenn die englischen Brauereien ihn nicht durch gezielt vermarktete Feierlichkeiten in den Pubs umsatzhebend wiederbelebt hätten.

Andererseits gilt nach wie vor, was der Komiker Paul Merton so trefflich formulierte: «Woran erkennt man einen Engländer mit einem Minderwertigkeitskomplex? Er denkt, er sei so viel wert wie alle anderen.» Und die viel beschworene steife Oberlippe – *stiff upper lip* – bewahrt allemal die an den Privatschulen sozialisierten Zöglinge der besseren Kreise vor traditionell als schwächlich verstandenen Emotionen. Die britischen Privatschulen sind wie eh und je die Türöffner zunächst für die namhaften Universitäten und dann für den Eintritt in das Establishment und das karriereförderliche *old boy network*. Das System der rund 2400 unabhängigen Privatschulen, darunter zahlreiche elitäre Internate, sogenannte *prep* und *public schools*, wird von gut sieben Prozent des britischen Nachwuchses besucht. Die Klassen sind klein, das Lehrpersonal über jeden Zweifel erhaben und die Freizeitangebote nachgerade umwerfend. Gut die Hälfte der Privatschülerinnen und -schüler setzt nach dem Abitur bzw. den A-levels die Ausbildung auf einer Eliteuniversität wie Oxford, Cambridge, der London School of Economics oder auch an namhaften US-Universitäten fort.

Billig ist der Zugang zu diesem privilegierten System keinesfalls. Zu den Anmeldegebühren von einigen zigtausend Pfund kommen die laufenden Kosten pro Internatsschüler von jährlich gut 25 000 Pfund. Auch das Studium ist im Vereinigten Königreich generell teurer als in anderen EU-Ländern. Neben *tuition* und *college fees* fallen an vielen Hochschulen auch Zulassungs-, Immatrikulations- und Nutzungsgebühren an – von mindestens um die 9000 Pfund im Jahr. In Großbritannien gibt es rund anderthalb Millionen Dollar-Millionäre, zählen 2,4 Millionen Einwohner zu dem vermögendsten 1 Prozent weltweit. Für sie sind selbst die teuersten

Eliteinternate – etwa Eaton oder Winchester – finanziell ein Klacks, und das auch, wenn sie viele Kinder haben. Und Mittelschichteltern, die ihre Kinder in das Establishment des Landes emporsteigen sehen wollen, belasten nicht selten ihr Eigentum bis zum Schornstein, um dieses Ziel zu verwirklichen. Auch das ist very British. In dieses Bild gehört aber auch: Jeder fünfte Teenager verlässt bereits im Alter von 16 Jahren die (staatlichen) Schulen, und laut der OECD steht es mit dem Bildungsstandard der Briten insgesamt nicht zum Besten.

Die stoische Kunst, möglichst viel zu erdulden, sich über nichts besonders aufzuregen und die höfliche Form zu wahren, gehört bei vielen Briten sozusagen zur psychischen Grundausstattung. Es gilt die unerschütterliche Devise: Es hätte doch viel schlimmer kommen können! Der legendäre Wortwechsel zwischen dem Herzog von Uxbridge und dem Herzog von Wellington bei der Schlacht von Waterloo steht dafür wie kein anderer: «Um Gottes willen, Sir, ich habe mein Bein verloren.» – «Um Gottes willen, Sir, das haben Sie.» «Mustn't grumble», heißt es heute, wenn der Zug mal wieder große Verspätung hat, eine Operation mangels Fazilitäten erst nach einer längeren Wartezeit möglich ist oder der Chef einem gerade freundlich einen Müllbeutel in die Hände gedrückt hat – verbunden mit der Aufforderung, innerhalb von 30 Minuten den Schreibtisch zu räumen und das Arbeitsverhältnis als beendet anzusehen. Und natürlich: Mustn't grumble über den Brexit.

Very British indeed ist der von Peinlichkeitsgefühlen gespeiste Respekt vor der Privatsphäre eines fremden Mitmenschen (ich meine jetzt nicht die noch in den intimsten Winkel eindringenden und nach skandalträchtigen Vorgängen lechzenden Boulevardjournalisten). Normalerweise werden Fremde nicht einfach angesprochen, schon gar nicht in öffentlichen Verkehrsmitteln, und wenn es aus irgendwelchen dringenden Gründen dennoch erfolgt, dann mit einem Schwall von Entschuldigungen. Paradoxerweise pflegen die Briten einen wesentlich lockereren Umgangston als so manche Deutsche. Das «Sie» entfällt, im Normalfall gilt das «Du» bzw. der Vorname, der schon deshalb immer im Gedächtnis sein sollte. Zwar bedeutet das keineswegs, dass einem der Mitmensch damit automatisch nähersteht. Aber es stellt eine freundschaftlich wirkende Atmosphäre her, und dazu gehören auch die Kosenamen wie *Love* oder *Sweetheart*, die jeder Verkäuferin oder jedem Busfahrer locker von den Lippen kommen. Unter arbeitenden Männern ist die Bezeichnung *Mate* üblich. Polizisten werden allerdings mit *Officer* angesprochen, Ärzte und andere Würdenträger als *Madam* oder *Sir.* Die königliche Familie und die Mitglieder des britischen Adels werden nach wie vor mit dem Titel angeredet. Apropos Adel. Mitglied im Oberhaus, dem House of Lords, kann nur werden, wer adelig ist. Entweder aufgrund eines ererbten oder eines speziell verliehenen Titels, der jedoch auf die Lebenszeit begrenzt ist. Wer auf Vorschlag des Premierministers oder des Oberhauses aus dem bürgerlichen in den Adelsstand gehoben und zum Life Peer ernannt wird, darf sich jedenfalls auf Sitzungen in den Houses of Parliament freuen, bei denen die Anrede in dritter Person gepflegt wird. So wurde zum Beispiel 2011 aus dem Banker und konservativen Politiker Tariq Mahmood Ahmad The noble Lord Ahmad of Wimbledon.

Die spinnen, die Briten? Was den Umgang mit den hierzulande süffisant zum «Geldadel» erhobenen Leuten betrifft, irgendwie schon. Während der Adel bei uns sämtliche einstmaligen Vorrechte verloren hat, spielt er in der parlamentarischen Monarchie von Großbritannien durchaus noch eine Rolle: in Form von traditionsreichen Familiendynastien und von einflussreichen Verdienstadeligen auf Lebenszeit.

Ein Lebensgefühl schätzen Engländer ganz besonders: Jeder möge tun, was er will, solange er keinem anderen damit Schaden zufügt. Ob das auch für den Umgang mit den Einwanderern gilt? Das Königreich ist ein Vielvölkerstaat und multikulturelle Vielfalt längst very British. Sie prägt spätestens seit den späten 1950er Jahren den Alltag, als immer mehr Menschen aus den ehemaligen britischen Kolonien in der Karibik, Afrika und dem indischen Subkontinent einwanderten (und auf keine Willkommenskultur trafen). Bis heute existieren allerdings unübersehbare ethnische Trennlinien. In London und anderen Großstädten wie Birmingham und Manchester leben Einwanderergruppen zumeist in ghettoähnlichen Bezirken, nicht wenige davon in sozialem Elend. Zudem hält sich die Interaktion von Migranten asiatischer, afrikanischer, karibischer und osteuropäischer Herkunft in engen Grenzen.

Von den heute rund acht Millionen im Ausland geborenen Zuwanderern in Großbritannien sind die meisten, nämlich etwa fünf Millionen, außerhalb der EU geboren, zumeist in Commonwealth-Staaten. Gut die Hälfte davon hat die britische Staatsbürgerschaft angenommen. Die Inder und Pakistaner sind mit weit mehr als einer Million Angehörigen die größte Einwanderergruppe. Unter den Immigranten aus der EU stellen die Osteuropäer mit gut 1,6 Millionen Menschen die stärkste Gruppe. Die meisten von ihnen – zirka 1,3 Millionen – sind in den Arbeitsmarkt integriert und zahlen Steuern. Sie entlasten also die Staatsfinanzen. Unter den Sprachen, die neben dem Englischen besonders häufig zu hören sind, rangiert Polnisch nicht zufällig ganz oben. Die vielen Inder und Pakistaner wiederum sprechen nicht eine, sondern mehrere Sprachen – vor allem Punjabi, Urdu, Bengali und Gujarati. Übrigens sind in Schottland und Wales sowohl Englisch als auch Gälisch bzw. Walisisch offiziell anerkannt, in Nordirland entsprechend Irish und Ulster Scots.

Über eine Million der farbigen Briten bezeichnet sich als Black Caribbean oder Black African. Selbst die vierte und fünfte Generation der Einwanderer aus den Kolonien ist freilich immer noch nicht wirklich in Britannien angekommen, die weißen Engländer sind nach wie vor lieber unter sich. Die erfolgreiche Autorin Zadie Smith erblickte 1975 in London als Tochter eines Briten und einer Migrantin aus Jamaika das Licht der Welt. Sie berichtet, sie sei inzwischen «selbst Mitglied der Mittelklasse geworden» und hätte Zeit mit Leuten verbracht, «an denen ich die Heuchelei beobachten konnte, die für die Mittelklasse charakteristisch ist – die Art und Weise, wie die Ideale der sechziger und siebziger Jahre, die Philosophie von Liebe und Freiheit, zur rücksichtslosen Eigenliebe verkommen sind». Und sie verdeutlicht:

«Die Leute wollen nicht, dass ihre Kinder zusammen mit Schwarzen zur Schule gehen, obwohl sie das in andere Worte kleiden und sagen, dass sie ihre Kinder auf private Schulen schicken, weil dieses oder jenes oder das Essen dort besser sei. Unter dem Strich existieren in England und anderen modernen Ländern aber noch immer die gleichen Gefühle, die das Schul- und Gesundheitswesen schon vor einhundert Jahren spalteten.»[19]

Nun wird der Multikulturalismus sowohl gesetzlich wie auch allgemein im Sinne der *political correctness* entschieden gefördert. Die Behörden sind verpflichtet, Gruppen unterschiedlicher Nationalität und Religionszugehörigkeit bei der Planung und bei Einstellungen angemessen zu berücksichtigen. Auch die kulturellen Institutionen und Vereine aller Art sind gehalten, Angehörige ethnischer Minoritäten aktiv einzubinden, und die Unternehmen müssen diverse Vielfalts- und

Gleichberechtigungsquoten einhalten. Nach den Terroranschlägen in London (2005), bei denen 50 Menschen durch in Britannien geborene junge Selbstmordattentäter mit pakistanischem Migrationshintergrund umkamen, wurden zusätzliche Integrationsprogramme aufgelegt, vor allem aber die Überwachungsmaßnahmen entschieden ausgeweitet.

Obwohl die meisten Migranten ehrgeizig sind und hart arbeiten, obwohl sie zweifellos zum Steuerwachstum und zum Funktionieren zumal lebenswichtiger öffentlicher Dienstleistungen wie etwa Transport, Müllabfuhr und Pflege beitragen, ist das Thema Einwanderung seit einigen Jahren wie ein böser Geist aus der Flasche in die Öffentlichkeit zurückgekehrt und spaltet insbesondere die englische Bevölkerung zusehends in zwei Lager. Repräsentativen Umfragen zufolge betrachten 52 Prozent der Briten die Einwanderung als Problem. (An zweiter Stelle kommt für 37 Prozent der Befragten das staatliche Gesundheitssystem, der National Health Service [NHS].) Heutzutage stößt allerdings weniger die Zuwanderung aus Ländern des Commonwealth als vielmehr die aus osteuropäischen EU-Mitgliedstaaten auf Widerstände.

Migration erscheint gegenwärtig nicht länger als koloniale Nachwirkung, deren Thematisierung im Übrigen vom Verdikt des Rassismus erschwert wird. Sie stellt sich im Bewusstsein zahlreicher Briten als ein von der EU bewirktes, von der garantierten Arbeitnehmerfreizügigkeit ausgelöstes Problem dar. Weil die meisten Zuwanderer aus anderen EU-Mitgliedstaaten in das staatliche Leistungssystem und Gesundheitswesen eingebunden sind, bilden sie so etwas wie eine willkommene Projektionsfläche für die Annahme, diese Menschen missbrauchten das System. Dabei sind nach Angaben der einwanderungskritischen Organisation Migration Watch zirka 75 Prozent der EU-Migranten alleinstehend oder kinderlos und haben schon von daher keine nennenswerten Ansprüche auf britische Sozialleistungen, mit Ausnahme der Gesundheitsversorgung.[20] Vor allem aber gäbe es in den Städten und Gemeinden so gut wie keine qualifizierten Handwerker mehr, wenn etwa die Polen ihre Koffer packen müssten.

Wohlgemerkt, die mit den Regionalkriegen im Nahen Osten, dem Aufkommen der Terrorgruppe «Islamischer Staat» und Existenznöten verbundene Flüchtlingsbewegung auch aus ehemaligen britischen Mandatsgebieten steht im Königreich nicht im Mittelpunkt der Debatten, weil die Regierung sehr restriktive Asylquoten aufrechterhält. So will sie bis 2020 maximal 20 000 Flüchtlinge aus den Lagern im syrischen Grenzbereich immigrieren lassen. Ein Blick etwa auf die unmenschlichen Zustände der improvisierten Flüchtlingslager im stacheldrahtbewehrten Fährhafen Calais reicht, um zu ermessen, wie restriktiv Großbritannien sich verhält. Erwähnenswert in diesem Zusammenhang ist der im Juli 2016 veröffentlichte Bericht der Iraq Inquiry genannten Regierungskommission zu Premier Tony Blairs fataler Entscheidung, mit George Bush 2003 gegen den Irak in den Krieg zu ziehen. Er belegt, dass die britische Regierung damals falsche Geheimdienstberichte, denen zufolge der Irak über Massenvernichtungswaffen verfügte, nicht hinterfragt habe.[21]

Die Briten kennen keine Meldepflicht. Statt des ihnen unbekannten Personalausweises erhalten sie an ihrem 16. Geburtstag automatisch eine Versicherungsnummer der vor allem durch Steuern, aber auch Beiträge finanzierten staatlichen National Insurance (NI). Deren Sozialleistungen erstrecken sich auf die gesamte Bevölkerung, und die Auszahlungen erfolgen zwar in einheitlichen, oft aber geringen Pauschalen. Neubürger müssen die NI beantragen, wenn sie nicht im Untertauchen ihr Heil suchen wollen. Und zwar mittels einer Geburtsurkunde und zum Beispiel einer Stromrechnung oder eines Kontoauszugs als Beleg dafür, dass sie tatsächlich eine Bleibe haben. Eine solche zu finden, ist freilich für immer mehr Briten ein riesiges Problem.

Anders als in Deutschland war es bislang auf der Insel eine Frage der kulturellen Identität, ein Häuschen oder eine Eigentumswohnung sein Eigen nennen zu können. Und zwar mit Hilfe der *property ladder*. Die Immobilien-Leiter funktioniert in Zeiten steigender Immobilienpreise – und das ist insbesondere im boomenden Süden Englands seit langem der Fall – im Prinzip so: Man kauft sich mit Hilfe der Hypothekenbanken schon in jungen

Jahren eine kleine Wohnung, verkauft sie nach Eintritt in eine feste Partnerschaft mit Gewinn weiter und kauft eine größere. Am Ende dieser Leiter winkt dann das tolle Cottage auf dem Land oder das Reihenhaus in einem besseren Stadtteil. Very British hieß denn lange auch: Zur Miete wohnen nur Studenten, Ausländer und Arme.

Nun gab es für die finanziell schlechter gestellten Briten früher die unserem sozialen Wohnungsbau entsprechenden *council houses.* Sie gehörten dem Staat, bis sie ab 1980 durch den Housing Act in Privateigentum überführt wurden. Das Gesetz der Thatcher-Regierung ermöglichte den Mietern, die Wohnung von der zum Verkauf gezwungenen Gemeinde zu einem erheblich ermäßigten Marktpreis zu kaufen. Inzwischen sind mehr als 1,5 Millionen ehemalige Sozialwohnungen in private Hände gekommen. Sehr zur Freude der neuen Eigentümer (bzw. kreditgebenden Banken), jedoch überhaupt nicht zur Freude all der Menschen, die verzweifelt nach einer bezahlbaren Bleibe suchen. Denn die gibt es kaum mehr, weil der Staat sich aus dem sozialen Wohnungsbau fast komplett zurückgezogen hat.

In Großbritannien liegt die Eigentumsquote derzeit bei 65 Prozent (in Deutschland erreicht sie keine 50). Die von Thatcher und dann von Cameron beschworene «Demokratie von Eigenheimbesitzern» hat allerdings eine unschöne Schattenseite. Da der Bedarf an preiswertem Wohnraum schon aufgrund des wachsenden Niedriglohnsektors stetig zunimmt, werden die Wartelisten von Menschen in Wohnungsnot immer länger. Denn viele im Kreis der 35 Prozent, die keine Eigenheimbesitzer sind, haben Mühe, die zumeist hohen Mieten fristgemäß zu zahlen. Auf die Straße gesetzt werden können sie schnell, da in den 1980er Jahren auch das Mietrecht erheblich dereguliert wurde. Von dem in Deutschland ausgeprägten Mieterschutz und den damit verbundenen Standards etwa für Reparaturmaßnahmen ist Großbritannien meilenweit entfernt. Kurz, da das Angebot von preiswerten Wohnungen immer knapper, die Nachfrage hingegen immer größer wird, ziehen die Mieten an und nimmt die Wohnungsnot zu. In den Großstädten, vor allem im Großraum London, kosten bereits Zimmer in Besenkammergröße in der Woche fast so viel, wie der Mindestlohn bzw. Living Wage einbringt.

Der Markt wird es schon richten? Very British heißt heute auch: Zur Miete wohnen zunehmend Normalverdiener, denn die können sich aufgrund explodierender Immobilienpreise vor allem im jobreichen Süden kein Eigenheim mehr leisten. In London sind sie seit 2010 um durchschnittlich 60 Prozent gestiegen. Und bei den jüngeren Leuten reichen für das ersehnte erste Betreten der *property ladder* die Einkommen oder Ersparnisse längst nicht mehr aus.

Der britische Arbeitsmarkt wird als flexibel gerühmt – für eine große Zahl der Beschäftigten läuft das auf allerlei Zumutungen hinaus, nicht zuletzt auf diverse prekäre Beschäftigungsformen und sogenannte Zero-

Hours-Jobs, die jederzeit gekündigt werden können. Die in Deutschland durchgesetzte Agenda 2010 findet ihre Entsprechung auf der sonst dem Kontinent so abgewandten Insel. In den meisten Unternehmen beträgt die durchschnittliche Wochenarbeitszeit 42 Stunden, wird das Leisten von Überstunden stillschweigend vorausgesetzt. Very British heißt in diesem Fall: In keinem europäischen Land außer Island wird länger gearbeitet als in Großbritannien. Die Zahl der Urlaubstage ist geringer als in Deutschland, die Zahl der Feiertage auch. Der in Großbritannien ausgeprägte Dienstleistungssektor hat das Leben vieler Familien erheblich verändert, denn fast alle Servicebetriebe und Geschäfte sind während der Woche zum Teil bis 21 Uhr und zudem auch am Wochenende im vollen Gange. Ein tägliches gemeinsames Essen im häuslichen Kreis wird auf der Insel zunehmend die Ausnahme – Untersuchungen zufolge ist das nur in einem Drittel der Familien möglich.

Typisch für den britischen Arbeitsmarkt sind das vielerorts geringe Produktivitätsniveau, die mangelhafte berufliche Ausbildung sowie erhebliche regionale Ungleichgewichte.

Eine Kündigung im Rahmen des üblichen *hire and fire* wird zum Problem, wenn sie in eine längere Arbeitslosigkeit mündet. Ein schwerer Schlag für die Betroffenen, denn das Arbeitslosengeld wird nur 26 Wochen lang ausbezahlt, und von großzügigen Unterstützungsleistungen kann beileibe keine Rede sein. Erschwerend kommt hinzu, dass die Gewerkschaftsbewegung politisch kaum noch Einfluss hat. (In Großbritannien gibt es übrigens keine Betriebsräte.) Gegenwärtig lässt sich nur mehr ein Viertel der Arbeitnehmer – überwiegend im öffentlichen Sektor – gewerkschaftlich vertreten. Demnächst könnten es noch weniger sein, denn die Tory-Regierung will noch 2016 ein neues Gewerkschaftsgesetz erlassen, das zukünftig die «Beeinträchtigung der Öffentlichkeit durch Streikmaßnahmen» verhindern soll. Sie gab es jüngst vor allem durch die Streiks bei der Londoner U-Bahn und in den Krankenhäusern, wo Personal abgebaut und längere Arbeitszeiten durchgesetzt werden sollen. Aber selbst die nur mehr punktuelle gewerkschaftliche Gegenwehr geht den Tories offenbar entschieden zu weit. Der Gesetzentwurf sieht unter anderem die Einführung einer Mindestbeteiligungsquote von 50 Prozent bei der Durchführung von Urabstimmungen vor, auch sollen Gewerkschaftsfunktionäre vor der Arbeitsniederlegung ihren Namen und ihre Adresse bei der Polizei melden.

Immerhin gibt es im Königreich schon seit mehr als anderthalb Jahrzehnten den nach Lebensalter gestaffelten Mindestlohn bzw. National Living Wage. Neben der (bislang vergeblichen) Eindämmung sozialer Ungleichheit soll er vor allem den Missbrauch des britischen Kombilohnsystems mindern, das Arbeitnehmern mit geringem Verdienst durch staatliche Mittel die Gehälter aufstockt. Nun hat zwar die Arbeitslosenquote mit im

Juni 2016 rund 5 Prozent wieder den vor dem Einsetzen der Finanz- und Wirtschaftskrise erreichten Stand. Von den 15- bis 24-Jährigen sind allerdings alarmierende 14 Prozent ohne Lohn und Brot. Vor allem aber werden die meisten der seit 2010 entstandenen neuen Jobs extrem schlecht bezahlt. Hinzu kommt, dass nach Angaben des Nationalen Statistikamts die Preise zwischen 2010 und 2015 um 11,5 Prozent gestiegen sind, während die Arbeitseinkommen nur um 7,5 Prozent zulegten. Dieser herbe Rückgang der Reallöhne bleibt – trotz Mindest- und Kombilohnsystem – nicht folgenlos. Die Ungleichheit nimmt stetig zu, und die Zahl der Menschen steigt, die trotz harter Arbeit mit ihren Einkünften nicht über die Runden kommen. Übrigens empfangen die Briten keine Monats-, sondern Wochenlöhne. Die der Frauen liegen um ein gutes Fünftel unter denen der Männer.

Das britische Gesundheitssystem nimmt eine Sonderstellung in den westlichen Demokratien ein und ist von daher very British. Der 1948 aus der Taufe gehobene Nationale Gesundheitsdienst NHS wird überwiegend aus Steuermitteln finanziert. Die Bürgerinnen und Bürger können sich zusätzlich privat absichern. Mehr als 15 Prozent der Bevölkerung greifen für eine Zusatzversicherung in die Tasche; die Vermögenden sind zumeist komplett privat krankenversichert. Im Kern erfüllt der NHS gewiss seine Aufgaben, von einer wirklich guten Volksversorgung kann aufgrund von Regierungseingriffen mittels Spar- und Teilprivatisierungsmaßnahmen aber nur noch bedingt die Rede sein. Das Königreich hält nicht zufällig den Rekord der längsten Wartelisten für notwendige Operationen in Westeuropa. Zudem wird schon im Pub oder Bus beim Lächeln von Mitmenschen sichtbar, dass zahlreichen Briten das Geld für die erforderlichen Zuzahlungen bei Zahnarztbesuchen fehlt – oder sie meiden lieber die Praxen.

Beides trifft zu. So einige Zahnärzte des NHS genießen keinen guten Ruf, schlimmer aber wirkt sich die geringe Versorgungsdichte aus. Es gibt zahlreiche Praxen, die keine neuen Patienten mehr aufnehmen. Auch die Kosten für Zahnersatz und andere Leistungen halten Briten vom Behandlungsstuhl fern. Laut dem NHS waren mehr als 45 Prozent aller erwachsenen Engländer und rund 30 Prozent aller englischen Kinder seit zwei Jahren nicht beim Zahnarzt. In Schottland ist die Lage etwas besser, in Wales eher schlimmer. Zwar gibt es durchaus Kostenbefreiungen etwa für unter 18-Jährige, Schwangere und Bezieher von bestimmten Sozialhilfen. Dennoch greifen insbesondere Einwohner mit geringem Einkommen lieber auf die in Onlineshops und Drogerieketten verfügbaren Selbsthilfesets zurück. Instrumente und «temporäre» Füllungen sind inzwischen ein Kassenschlager – und steigern das Bruttosozialprodukt.

London, die kapitalste europäische Metropole

Die meisten deutschen Touristen und Schulklassen besuchen am liebsten London und damit eine Metropole, die zugleich so multikulturell wie keine andere Hauptstadt Europas ist. Sie ist mit mehr als dreihundert gesprochenen Sprachen der vielsprachigste Ort der Welt. London ist eine kräftig pulsierende, im steten Wandel befindliche, schön-hässliche Megacity. Vergangene viktorianische Macht ist an zahlreichen Monumentalbauwerken abzulesen, man denke zum Beispiel an King's Cross. In dem von 45 Millionen Pendlern im Jahr genutzten Bahnhof kommen übrigens auch die Anhänger des Zauberlehrlings Harry Potter auf ihre Kosten, denn neben Gleis neun hängt länger schon das Schild Platform 9¾, und ein in die Wand eingelassener Gepäckwagen vermittelt den Eindruck, man habe die Wand schon fast durchquert. Gegenwärtige Macht reicher Investoren aus aller Welt spiegelt sich in neuen Hochhäusern mit sehr spezieller Formgebung wie The Gherkin (sieht auch aus wie eine Gurke), Walkie-Talkie oder The Cheesegrater (Käsereibe).

In diesem Kapitel geht es nicht um touristische Highlights und einschlägige Tipps. Um einen Touristen zunächst aber schon, und zwar um Heinrich Heine, der

1827 nach England reiste und befand: «Ich habe das Merkwürdigste gesehen, was die Welt dem staunenden Geiste zeigen kann, ich habe es gesehen und staune noch immer – noch immer starrt in meinem Gedächtnisse dieser steinerne Wald von Häusern und dazwischen der drängende Strom lebendiger Menschengesichter mit all ihren bunten Leidenschaften, mit all ihrer grauenhaften Hast der Liebe, des Hungers und des Hasses – ich spreche von London.»

Der große deutsche Literat Heinrich Heine wusste bereits kurz nach seiner Ankunft in der britischen Metropole nur zu genau, wohin es ihn verschlagen hatte: «Schickt einen Philosophen nach London; beileibe keinen Poeten! Schickt einen Philosophen hin und stellt ihn an eine Ecke von Cheapside, er wird hier mehr lernen als aus allen Büchern der letzten Leipziger Messe; [...] er wird den Pulsschlag der Welt hörbar vernehmen und sichtbar sehen – denn wenn London die rechte Hand der Welt ist, die tätige, mächtige rechte Hand, so ist jene Straße, die von der Börse nach Downingstreet führt, als die Pulsader der Welt zu betrachten.

Aber schickt keinen Poeten nach London! Dieser bare Ernst aller Dinge, diese kolossale Einförmigkeit, diese maschinenhafte Bewegung, diese Verdrießlichkeit der Freude selbst, dieses übertriebene London erdrückt die Phantasie und zerreißt das Herz. Und wolltet ihr gar einen deutschen Poeten hinschicken, einen Träumer, der vor jeder einzelnen Erscheinung stehen bleibt, etwa vor einem zerlumpten Bettelweib oder einem blanken Goldschmiedladen – oh! dann geht es ihm erst recht schlimm, und er wird von allen Seiten fortgeschoben oder gar mit einem milden ‹God damn!› niedergestoßen. God damn! das verdammte Stoßen! Ich merkte bald, dieses Volk hat viel zu tun. Es lebt auf einem großen Fuße, es will, obgleich Futter und Kleider in seinem Lande teurer sind als bei uns, dennoch besser gefüttert und besser gekleidet sein als wir; wie zur Vornehmheit gehört, hat es auch große Schulden, dennoch aus Großprahlerei wirft es zuweilen seine Guineen zum Fenster hinaus, bezahlt andere Völker, dass sie sich zu seinem Vergnügen herumboxen, gibt dabei ihren respektiven Königen noch außerdem ein gutes Douceur – und deshalb hat John Bull Tag und Nacht zu arbeiten, um Geld zu solchen Ausgaben anzuschaffen, Tag und Nacht muss er sein Gehirn anstrengen zur Erfindung neuer Maschinen, und er sitzt und rechnet im Schweiße seines Angesichts und rennt und läuft, ohne sich viel umzusehen […], und da ist es sehr verzeihlich, wenn er an der Ecke von Cheapside einen armen deutschen Poeten, der, einen Bilderladen angaffend, ihm in dem Wege steht, etwas unsanft auf die Seite stößt.»[22]

Was Heine vor knapp zweihundert Jahren beschrieb, trifft im Kern nach wie vor zu. Der Straßenzug Cheapside führt zur Bank of England und liegt in einem Viertel, das immer noch eine Pulsader der Welt ist. Allerdings nicht mehr die des weltweiten Güter- und Sklavenhandels, sondern die des großen Geldes. Denn zu den Mini-Staaten dieser Welt gehört neben dem Vatikan in Rom auch ein bislang boomender Weltfinanzhandelsplatz: die City of London. Der auch Square Mile gerufene kleine Staat an der Themse ist gut 2,6 Quadratkilometer groß. Dank im Jahr 1067 erteilter Privilegien fungiert er als exterritoriales Gebiet. Er gehört weder zum Vereinigten Königreich noch zu London, weshalb selbst Königin Elisabeth II. sich wie bei anderen Staatsbesuchen anmelden muss.

Britische Gesetze und Polizei greifen in der City nicht, denn die «Regierung», die City of London Corporation, überwacht sich selbst. Als Oberhaupt wirkt der Lord Mayor. Diese Position erhalten Männer aus der britischen Elite, die zumeist in der Finanzindustrie Karriere gemacht haben. Der Lord Mayor residiert im Manson House, wo er stilvoll Staatsoberhäupter, Regierungschefs sowie die Vorstandsvorsitzenden von Banken und Konzernen aus aller Welt empfängt. Es sei denn, er ist auf Reisen, um im Namen und zum Besten der City die Werte «Liberalisierung» und «offene globale Finanzmärkte» zu propagieren.

Die Corporation preist die City als «Puls der Weltfinanzmärkte». Das ist sie seit langem, jedoch nicht durchgängig. Denn nach dem Zweiten Weltkrieg verlor die City ihren Platz als führendes Finanzzentrum an die Wall Street. Was tun? Die Banker ließen sich ein neues

Geschäftsmodell einfallen: Kredite in Dollar. Da trotz strikter Devisenkontrollen weder die britische noch die US-Notenbank verhindern konnten, dass die exterritorialen Banken in der City Einlagen in US-Dollar annahmen und dafür höhere Zinsen gewährten als die regulierten Finanzinstitute, prosperierte der Finanzmarkt der City ab den 1960er Jahren wieder kräftig. Fehlte nur noch der im Oktober 1986 von Margaret Thatcher ausgelöste *big bang.* Er bestand in der fast totalen Deregulierung noch bestehender Hemmnisse, etwa dem bis dahin für ausländische Broker verschlossenen britischen Aktienmarkt, und zeitigte gewaltige Konsequenzen.

Seit Ende der 1980er Jahre blüht der Handel mit Wertpapieren, Devisen und Derivaten umso mehr, hat die City wieder die Führung im Finanzmarktgeschehen. Ihr angeschlossen sind inzwischen auch neue Londoner Areale wie etwa Canary Wharf (wo diverse Großbanken ihre Büros haben) und der edle Stadtteil Mayfair (wo die Hedgefonds-Firmen residieren). Nicht alles ist freilich Gold, was glänzt. So strömt viel Fluchtkapital durch die Computer in der Square Mile, denn derzeit behauptet sie sich als Zentrale der Offshore-Plätze – der Finanz- und Steuerparadiese mit angeschlossenen Anwaltskanzleien, Fondsmanagern etc. Dazu gehören nicht zuletzt die im Besitz der englischen Krone befindlichen Kanalinseln Jersey und Guernsey, die Isle of Man, Gibraltar, die Bermudas und Bahamas, die Turks-, Caicos- und Caymaninseln, die Virgin Islands und andere mehr. Da seit dem Aufkommen der *offshore leaks* – einschließlich der jüngst enthüllten Panama Papers – viele Regierungen und die EU-Kommission auf den Austausch von Steuerdaten und die Benennung der wirtschaftlichen Eigentümer der Briefkastenfirmen drängen, könnte die City einige prächtig laufende Geschäfte verlieren. Momentan ist sie das Zentrum ebenjener Finanzelite, deren juristisch-ökonomischer Parallelwelt die Politik endlich wirksame Grenzen setzen muss. Ex-Premier David Cameron inbegriffen, der vor seinem Amtsantritt Anteile an der legalen (!) Offshore-Firma seines vermögenden Vaters hatte, was im April 2016 ans Licht kam und seiner Glaubwürdigkeit durchaus schadete. Als erfolgreicher Kämpfer gegen die nahe seinem Londoner Regierungssitz waltenden und schaltenden Steuervermeidungsspezialisten hat er sich während seiner Amtszeit jedenfalls nicht hervorgetan. Die seit Margaret Thatchers Regierungstagen institutionalisierte Steuerungerechtigkeit, die den Reichtum der Vermögenden durch – noch – legale Steuerprivilegien mehrt, besteht in Großbritannien nicht zuletzt im «Schutz» von millionenschweren Erbschaften vor nennenswerten Abgaben.

Die Geschäfte der City of London liegen für die britische Regierung und die EU-Kommission indessen außer Reichweite. Sie pflegt eine geheime Jurisdiktion, welche nicht zuletzt das Netzwerk all der Steueroasen kontrolliert, das in den Kolonien und Überseegebieten der britischen Krone existiert. Der autonome Ministaat innerhalb des Königreichs und der EU wird von jeher mit Samthandschuhen angefasst, obwohl er dazu beiträgt, das schmutzige Geld von Oligarchen, Potentaten, mafiösen Organisationen und Drogenbaronen zu waschen. Im Übrigen trägt er auch dazu bei, die zwar als legal gewerteten, aber extrem steuervermeidenden Gewinnverschiebungen bedeutender Konzerne zu erleichtern. Und welche Rolle spielte die City beim Aufkommen der Weltfinanzkrise, die 2007 in den USA zu beben begann? Nun, das Fehlen von Regulierungen in der City ermöglichte es den mit ihren wüsten Fehlspekulationen das Finanzsystem beinahe sprengenden US-Banken, die Regeln ihrer eigenen Regierung zu umschiffen, indem sie ihre verantwortlichen Einheiten von der City aus agieren ließen.

Die Weltfinanzkrise führte bereits ab dem Sommer 2007 dazu, dass sich die viertgrößte britische Hypothekenbank Northern Rock nicht mehr bei anderen Banken refinanzieren konnte. Im September zogen deren in Panik geratene Kunden binnen weniger Tage drei Milliarden Pfund ab. Sie wurde daraufhin wie einige andere Großbanken vom Staat gerettet bzw. vorübergehend verstaatlicht. Der ab 2008 im Vereinigten Königreich wie auch in einigen Mitgliedstaaten des Euroraums einsetzende heftige Anstieg der Staatsschulden resultierte aus der «Rettung» maroder Banken. Auf der Insel ganz besonders. Lag die Staatsverschuldung bis 2008 noch bei unter 50 Prozent des Bruttoinlandsprodukts, so steigt sie seitdem steil an. Inzwischen nähert sich die jährliche Rate mit um die 160 Milliarden Pfund der 100-Prozent-Marke. Zudem sind die Privathaushalte um mehr als ein Drittel höher verschuldet als etwa die deutschen. Die radikale Sparpolitik von David Cameron und seinem Schatzkanzler George Osborne hat mehr Unheil über das Land gebracht, als es auf den ersten Blick scheint. Durch den Brexit-Entscheid werden die Zeiten für große Teile der Bevölkerung aller Wahrscheinlichkeit noch schwerer werden.

Apropos Sparen. Die City of London wie auch das sie beherbergende Vereinigte Königreich sind ein beliebtes Terrain von *high net worth individuals* aus aller Welt, sprich Personen mit großem Nettovermögen. Dazu gehören auch mehr als 115 000 Nichtdomizilierte, sogenannte Non-Doms, von denen viele in «Londongrad» eine Wohnung haben (und die Immobilienpreise befeuern). Diese Personengruppe profitiert von einer spezifischen britischen Regelung aus der Kolonialzeit, von der *domicile rule.* Als nichtdomiziliert kann unter anderem jemand anerkannt werden, der selbst oder dessen Vater und Großvater overseas geboren wurde. Während im Lande lebende British Citizens ihre Einkommen, ganz gleich, wo sie erzielt werden, voll deklarieren und versteuern müssen, dürfen die als Non-Doms anerkannten Superreichen lediglich Steuern auf im Königreich erzielte Einkommen zahlen. Die von ihnen auf Offshore-Konten angelegten Vermögen bleiben abgabenfrei. Gewiss, nach sieben Jahren Aufenthalt werden auch sie gebeten, das Staatssäckel etwas aufzufüllen. Dann müssen sie eine Pauschale von maximal 90 000 Pfund pro Jahr berappen. Ihr wo auch immer offshore verstecktes Milliardenvermögen wird dadurch kaum geschmälert. Zu den anerkannten Non-Doms gehören diverse Vorstandsvorsitzende namhafter Großbanken und Konzerne – etwa Ross McEwan (Royal Bank of Scotland Group), Stuart Gulliver (HSBC) und Pascal Soriot (AstraZeneca).

In die City of London, der ich nun ade sage, strömen werktäglich gegenwärtig rund 350 000 Banker, Broker, Versicherungsfachleute, Rechtsanwälte sowie Steuer- und Vermögensberater, deren Gehälter und Boni eine hohe Nachfrage nach Konsumgütern, Dienstleistungen und Immobilien nach sich ziehen. Ihnen geht es gewiss nicht schlecht. Vielen anderen Briten aber schon. Den Wohlfahrtsorganisationen zufolge leben gegenwärtig rund dreizehn Millionen Menschen unterhalb der Armutsschwelle – immerhin jeder fünfte. Der Bericht «Feeding Britain» erhellt, dass in Großbritannien bereits mehr als 1500 Tafeln kostenfreies Essen ausgeben, weil die Nachfrage dramatisch steigt. Während die Tafeln um 2010 rund 62 000 Menschen unterstützten, sind es gegenwärtig bereits gut eine Million.[23] Tendenz: steigend.

Abgesang auf Sozialstaat und Staatseigentum

Eine in aller Welt hochgeschätzte Erzählung von Charles Dickens trägt den Titel «A Christmas Carol in Prose». Sie erschien im Dezember 1843. In dem Weihnachtsmärchen schildert der sozialkritische Romancier warmherzig, wie der herzlose alte Geizhals Ebenezer Scrooge nach einigem Hin und Her in der Weihnachtsnacht plötzlich zu einem großzügigen und hilfsbereiten Mitmenschen wird.

Dickens' Geizhals Scrooge, vor seiner Bekehrung einer der widerwärtigsten Charaktere in der englischen Literatur, ist wie andere Gestalten des Autors zum sprichwörtlichen Typus geworden. Seit dem Erscheinen des Märchens wird ein unsozialer Knauser im angelsächsischen Raum jedenfalls als *scrooge* bezeichnet. Scrooge war dieser postmodernen Tage gleich ein ganzes Kabinett – das des zurückgetretenen Premiers David Cameron. Es zeigte sich extrem geizig gegenüber der Masse der britischen Bevölkerung – vor allem aber gegenüber all jenen Menschen und Institutionen im Land, die auf staatliche Gelder, Fürsorge und Gerechtigkeit besonders angewiesen sind. Cameron und sein Schatzkanzler George Osborne haben den die britische Öffentlichkeit lähmenden Schock der 2007 einsetzenden Finanzkrise und den darauf folgenden wirtschaftlichen Niedergang politisch dazu genutzt, den Wohlfahrtsstaat auszuhöhlen. Wie erfolgreich sie damit waren, zeigt schon der Blick auf den öffentlichen Dienst. Er wurde seit 2010 um über eine halbe Million auskömmlich bezahlter Arbeitsplätze reduziert.

Die von Charles Dickens wie maßgeblich auch von Friedrich Engels im 19. Jahrhundert angeprangerten sozialen Missstände sind seit einigen Jahren zurückgekehrt. Der britische Journalist James Meek bemerkt in seiner aufsehenerregenden Studie über die Privatisierungspolitik entsetzt: «Arme Briten haben abermals die Freiheit, zu verhungern, an behandelbaren Krankheiten zu sterben, des Lesens und Schreibens unkundig zu bleiben und sich ein Dienstbotenleben in den Armenhäusern zu erkämpfen.»[24] Dabei schienen Hunger, Armut und Unterversorgung in den 1960er und 1970er Jahren ein für alle Mal der Vergangenheit anzugehören. Ein Blick zurück:

Der 1942 von William Beveridge entworfene britische Wohlfahrtsstaat nahm nach dem Zweiten Weltkrieg beeindruckende Ausprägungen an, als die sozialdemokratische Regierung von Clement Attlee das Ruder übernahm. Sie etablierte das (für alle unentgeltliche) nationale Gesundheitssystem und baute das Rentensystem aus. In den 1960er Jahren moderierte Labour unter Harold Wilson das friedliche Ende des Britischen Empire, begründete die Open University, liberalisierte die Abtreibungsgesetze, nahm den Kampf für gleichen Lohn auf und schaffte die Todesstrafe ab.

Die großen sozialen Gesetzgebungstaten gerieten im Laufe der von Öl- und anderen Krisen, der Stagflation sowie von vielen Streiks geprägten 1970er Jahre ins Stocken. Mit Margaret Thatchers Wahlsieg 1979 begann dann eine lange Phase neoliberaler und nationalistischer Politik (einschließlich Falklandkrieg). Der Sozialstaat wurde wieder zurückgebaut, die Privatisierung vorangetrieben und die Gewerkschaftsbewegung erheblich geschwächt.

Während der Herrschaft der Tories verschliss Labour gleich zwei Parteiführer der Parteilinken: Michael Foot (Wahlverlierer 1983) und Neil Kinnock (knapper Wahlverlierer 1992). 1997 errang dann der smarte Tony Blair den größten Wahlsieg der Labour Party überhaupt. Vor allem die britische Mittel- und Unterschicht sehnte sich nach einer Wiedergeburt des abgewrackten Wohlfahrtsstaates. Die von Premier Blair zusammen mit Kanzler Schröder verfochtene Leitidee des sogenannten Dritten Wegs wies dem Staat eine «aktivierende Rolle» zu, zudem sollte sich Arbeit wieder «lohnen». Eine umfangreichere Verbesserung sozialstaatlicher Leistungen blieb jedoch aus. Vielmehr wandelte sich die zu Beginn des 20. Jahrhunderts gegründete Arbeiterpartei unter Blairs Führung in New Labour und nahm die Flexibilisierungs- und Entlastungswünsche der Unternehmer so ernst wie auf dem Kontinent die von Gerhard Schröder geführte deutsche Sozialdemokratie mit der Agenda 2010.

Zwar führte New Labour den Mindestlohn ein; die Einkommen klafften jedoch immer weiter auseinander. Im Mai 2010 wurde der Blair-Nachfolger, der unbeliebte Premier Gordon Brown, von den Wählern abgestraft, kam die erste Koalition von Konservativen und Liberaldemokraten überhaupt zustande. Unter der Führung von David Cameron begann die neue Regierung umgehend, das New Labour abspenstig gewordene Königreich in die sogenannte Big Society umzumodeln. Hinter diesem «Plan von atemberaubender Reichweite», wie das *Wall Street Journal* frohlockte, steckt die Absicht, das Land zu einem von staatlichen Leistungen und Diensten überwiegend «befreiten» Dorado des Privatkapitals zu machen und vormals bezahlte Jobs in ehrenamtliche Tätigkeiten zu verwandeln.

Der konservativ-liberalen Koalition ging es mit der Big-Society-Erzählung im Kern darum, das ab 2008 heftig gewachsene Haushaltsdefizit durch drastische Maßnahmen und Leistungskürzungen rasch zu drosseln. Und zwar nicht auf Kosten der Krisenauslöser, der protegierten Finanzindustrie, sondern auf Kosten der sozial Schwachen und der Normalverdiener. Dazu gehörten eine Mehrwertsteuererhöhung von 17,5 auf 20 Prozent ebenso wie Ausgabenkürzungen in fast allen Ministerien um bis zu 40 Prozent, der Abbau von Hunderttausenden Stellen im öffentlichen Dienst und die radikale Zusammenstreichung wohlfahrtsstaatlicher Unterstützungen. Damit die lohn- und sozialleistungsabhängige

Bevölkerung das halbwegs akzeptieren konnte, wurde die Einkommensteuer für Spitzenverdiener von 40 auf 45 Prozent angehoben. Als die Konservativen 1979 an die Macht kamen, hatte der höchste Einkommensteuersatz übrigens noch 83 Prozent betragen.

Bei der Unterhaus-Wahl am 7. Mai 2015 gewannen die Tories unter David Cameron mit nur einem Drittel der Wählerstimmen überraschend die absolute Mehrheit und sind seitdem allein an der Macht. Das daraufhin abgegebene Versprechen, das Vereinigte Königreich bzw. die Big Society bis 2030 zur «reichsten Volkswirtschaft des Westens» zu machen, wurde vom Schatzkanzler nach dem Brexit-Entscheid freilich «kassiert». Als George Osborne bald nach der Unterhaus-Wahl das legendäre rote Holzköfferchen mit dem neuen *budget* (Haushaltsplan) ins Unterhaus trug, münzte sich der Wahlsieg denn auch in so drastische neue Zumutungen und Begünstigungen um, wie sie selbst unter der eisenharten Maggie Thatcher kaum durchsetzbar gewesen wären. Eine Schuldenbremse nach deutschem Vorbild inbegriffen.

Bis 2019 wollte der Schatzkanzler, der im Juli 2016 sein Amt verlor, «hart sparen» und zugleich zusätzliche Einnahmen generieren, denn danach sollte die Regierung Jahr für Jahr einen Haushaltsüberschuss erzielen. Seit dem 24. Juni dürften diese Pläne Makulatur sein. Dennoch, die Tories «wollen weg von einem Land mit hohen Sozialausgaben und hohen Steuern hin zu einem Land mit niedrigen Sozialausgaben und niedrigen Steuern».

Die Planungen sehen bislang vor, bis Ende des Jahrzehnts den Staat so stark zu verkleinern wie nie zuvor. So sollte die Staatsquote – sprich der Anteil der Staatsausgaben im Verhältnis zum Bruttoinlandsprodukt – von 43 Prozent 2015 auf möglichst 35 Prozent sinken. Ein Stand, der dem vor Beginn des Zweiten Weltkriegs entsprechen würde (in Deutschland beträgt die Staatsquote gegenwärtig 44 Prozent). Im Klartext: Die Tories drängten zurück in die Zustände der 1930er Jahre, als der Wohlfahrtsstaat noch nicht etabliert war.

Für das *big business* gab und gibt es seit dem Brexit-Votum gute Nachrichten. So soll die Unternehmensbesteuerung auf für eine bedeutende Volkswirtschaft extrem niedrige Rate von unter 15 Prozent gekürzt und die steuerliche Abzugsfähigkeit von Investitionen deutlich erhöht werden. (In den von den Briten als Handelspartner geschätzten USA werden Unternehmensgewinne übrigens mit 35 Prozent besteuert.) Für die kleinen Leute hingegen gibt es keine guten Nachrichten. Sie haben, wie George Osborne unverblümt artikulierte, die «härtesten Haushaltskürzungen seit 1945» auszuhalten und dürften ab dem Herbst 2016 zusätzliche Einschränkungen hinnehmen müssen. Was aus dem Plan, die Zahlungen an Städte und Gemeinden sowie die Zuschüsse für die Universitäten und Kultureinrichtungen weiter zu senken, unter der Regierung May wird, bleibt abzuwarten. Wurden 2010 noch 80 Prozent aller kommunalen Ausgaben von London finanziert, so sind es jetzt nur noch 16 Prozent. Bis 2020 sollen es nur mehr fünf Prozent sein. Viele Städte und Regionen des Nordens fern der Metropole sind deshalb in einer wirtschaftlichen Abwärtsspirale gefangen, aus der es kein Entrinnen zu geben scheint. Die gesamten Sozialausgaben liegen schon deutlich unter 25 Prozent des Bruttoinlandsprodukts. Die Kluft zwischen hohen und niedrigen Einkommen ist bereits größer als im Durchschnitt der EU-Mitgliedstaaten.

Gegenwärtig lebt nach EU-Angaben ein Viertel der britischen Bevölkerung in Armut oder der Gefahr sozialer Ausgrenzung, wächst knapp ein Drittel der Kinder in sogenannter relativer Armut auf, werden größere Teile der Jugend des Königreichs von der Politik sträflich vernachlässigt. Laut Sir Michael Marmot, einem Berater der Weltgesundheitsorganisation, beträgt der Entwicklungsunterschied zwischen reichen und armen Kindern bereits ein Jahr. Auch verweist er auf die auseinanderdriftende Lebenserwartung auf der Insel. Während Männer in den reichen ländlichen Gegenden des Südens durchschnittlich 82 Jahre alt werden, haben sie in Städten wie Glasgow lediglich 73 Lebensjahre zu erwarten. Briten, die in den vielen armen Gemeinden Großbritanniens leben, leiden laut dem Experten an einem «tödlichen Mix» aus Arbeitslosigkeit, Kriminalität, schlechter Ernährung, Bewegungsmangel, Alkoholproblemen und Drogenmissbrauch.[25] Ach ja, einer Studie des Journal of Dental Research zufolge haben arme Briten beim Erreichen des 70. Lebensjahres durchschnittlich acht Zähne weniger als reiche.[26]

«Welfare that works», umschrieb Camerons Regierung ihren fatalen Sozialstaatsrückbau. Er und seine Kabinettsmitglieder wollten die wenigen noch vom Staat kontrollierten Unternehmungen und Dienste so radikal privatisieren «wie seit 1987 nicht mehr».

Ob es dabei bleibt, ist ungewiss. Allzu viel ist allerdings nicht übrig. Als die Tories unter Margaret Thatcher 1979 an die Macht kamen, befanden sich noch ein großer Teil der Wirtschaft und fast die gesamte Infrastruktur in staatlicher Hand bzw. *British hands.* Ein Drittel aller Wohnungen *(council houses)*, die Wasser-, Abwasser-, Gas- und Elektrizitätsversorgung, die Telekom, Cable & Wireless und die Post, nahezu alle Schulen, die Eisenbahn, British Airways sowie Buslinien und Frachtverkehre, die Flughäfen nebst Flugüberwachung, viele Seehäfen, die Fährlinie Sealink, die Gefängnisse, die nuklearen Wiederaufbereitungsanlagen sowie fast die gesamte Auto-, Schiffs- und Flugzeugbauindustrie, die meisten Stahlwerke und, und, und. Was einst den Briten gehörte, gehört nun zum größten Teil multinationalen Konzernen, Investmentgesellschaften und Pensionsfonds. Die 1993 beschlossene Privatisierung der Eisenbahn endete in einem Fiasko. Heute zahlt der britische Steuerzahler mehr für die private Bahn als zu Zeiten der staatlichen British Rail. Die fast komplett privatisierten Sozialwohnungen gehören nun Privatleuten, die hohe

Mieten verlangen und von Mieterschutz noch nie etwas gehört haben. Auch Thatchers Ziel, Großbritannien in eine *shareholding democracy* zu verwandeln, erwies sich als Gespinst. Als sie 1979 ihr Amt antrat, waren gut 40 Prozent der Aktien britischer Unternehmen in der Hand von Privatleuten. Als sie 2013 starb, waren es keine 12 Prozent mehr.

Der britische Lebensstandard sinkt, trotz der – jedenfalls bis zum 24. Juni – recht robusten Wirtschaft und einer offiziell niedrigen Arbeitslosenquote. Er liegt im Vergleich zu den Niederlanden oder auch Deutschland auf einem auch sichtbar niedrigeren Niveau. Vor allem aber ist das Königreich zunehmend abhängig von fluktuierenden und schlecht entlohnten Jobs im Dienstleistungssektor, weil die verarbeitende Industrie und der Export zurückgehen bzw. stagnieren. Im Dienstleistungssektor – einschließlich der Tourismusbranche – sind fast 80 Prozent der Beschäftigten tätig.

Im Mutterland der industriellen Revolution arbeiten von den rund 31 Millionen Erwerbstätigen keine fünf Millionen Menschen mehr im verarbeitenden Sektor, ist der seit längerem anhaltende Niedergang der Industrie noch nicht gestoppt. Großbritannien erweist sich als ein Hort der Montageindustrie, sind es doch meist ausländische Konzerne, wie etwa die deutschen Siemens und BMW oder die japanischen, indischen und zunehmend auch chinesischen, die überhaupt noch produzieren. (Wobei die von ausländischen Konzernen betriebene

Autoindustrie in den letzten Jahren ein rasantes Produktivitätswachstum und kräftig steigende Absatzzahlen verzeichnen konnte.) Eine Ausnahme bilden – bislang – die Luftfahrt- und Raumfahrtindustrie sowie die chemische und pharmazeutische Industrie. Die Konsumgüterindustrie ist mit Unternehmen wie Unilever oder Einzelhandelsgiganten wie Tesco gut aufgestellt – aber auch die deutschen Discounter Aldi und Lidl sind längst ein fester Bestandteil der britischen Shopping-Welt. Die *Aldi mum* gilt inzwischen als Sinnbild der von der sozialen Misere zunehmend erfassten Mittelschicht.

Von einem Bereich des Dienstleistungssektors ist das Vereinigte Königreich ganz besonders abhängig: den sogenannten Finanzdienstleistern. Sie erwirtschaften mehr als 10 Prozent des britischen Bruttoinlandsproduktes und bilden den bedeutendsten Wirtschaftssektor Großbritanniens. Die Finanzelite war übrigens ganz überwiegend für Remain.

Oft büßt das Gute ein, wer Besseres sucht

«Oft büßt das Gute ein, wer Besseres sucht», ließ der wunderbarste Dramatiker aller Zeiten, William Shakespeare, 1605 in seinem Stück «König Lear» wissen. Die Probe aufs Exempel machten die wahlberechtigten Briten 411 Jahre später. Und schon habe ich die Katze aus dem Sack gelassen, denn ich betrachte die 1993 aus der EG hervorgegangene EU prinzipiell als «das Gute». Ob das von den britischen Austrittsbefürwortern postulierte «Bessere», vor allem die Wiedererlangung der alleinigen Kontrolle über Gesetzgebung, Zuwanderung und die autonome Gestaltung von Handelsbeziehungen, sich dereinst wirklich als besser für das Vereinigte Königreich erweisen kann, ist zumindest fraglich. Und zwar nicht zuletzt deshalb, weil die EU ihm den freien Zugang zu bedeutenden Handelspartnern bereits ungemein «gut» ermöglicht.

Britannien profitiert wirtschaftlich sehr von der EU. Rund die Hälfte des britischen Güterhandels und mehr als 40 Prozent des Handels mit Dienstleistungen erfolgt im Rahmen des EU-Binnenmarktes. Es ist erheblich von den Investitionen ausländischer Unternehmen abhängig – nicht zuletzt von denen aus Deutschland. Sie betreiben zurzeit rund 2500 Niederlassungen mit 370 000

Beschäftigten. Siemens zum Beispiel erzielt in Großbritannien mit rund 14 000 Mitarbeitern an dreizehn Produktionsstandorten gegenwärtig einen Umsatz von rund vier Milliarden Euro. 2014 startete der Konzern den Aufbau einer Windkraftrotorenfabrik in der von Arbeitslosigkeit geplagten Hafenstadt Hull im Nordosten der Insel, schuf – einschließlich der Zuliefererfabriken von Partnern – gut tausend Arbeitsplätze und investierte bislang rund 310 Millionen Pfund in die Unternehmung. Die «zuverlässigen Rahmenbedingungen» und das Fehlen von störenden Zöllen und hemmender Bürokratie, die die Siemens-Vorstände zu dieser Investition in Britannien ermunterten, sind seit dem 24. Juni 2016 freilich keine garantierte Selbstverständlichkeit mehr. Der Brexit-Entscheid hatte zudem zur Folge, dass der Konzernvorstand umgehend weitere geplante Windkraftinvestitionen auf der Insel stoppte. Zudem wurde auf der Unternehmenswebsite der sibyllinische Hinweis platziert: «Siemens hat stets deutlich gemacht, dass dies eine Entscheidung des britischen Volkes ist und dass wir diese Entscheidung respektieren müssen. Als ein globales Unternehmen mit erheblichen langfristigen Investitionen in Großbritannien und hoher lokaler Wertschöpfung ist Siemens nicht so stark von möglichen negativen Auswirkungen betroffen. Die Regierung sollte trotzdem nun unverzüglich Maßnahmen einleiten, um sich über die Natur der Beziehungen Großbritanniens zur EU und anderen Handelspartnern abzustimmen, und einen klaren Weg vorzeichnen, um künftige Investitionen anzuziehen.»[27] Anders formuliert: In der nächsten Zukunft dürfte gewiss nicht nur der Siemens-Konzern von weiteren Investitionen in Großbritannien Abstand nehmen und im ungünstigen Fall diverse Erzeugnisse andernorts produzieren lassen. Die Führungskräfte von diversen ausländischen Großunternehmen, die im Frühjahr 2016 ihre britischen Mitarbeiter schriftlich wissen ließen, «dass es für Großbritannien besser ist, Mitglied der EU zu sein als draußen» (so BMW), sind seit dem 24. Juni zweifellos nicht in Feierlaune.

Übrigens waren die exportorientierten britischen Unternehmer nicht durchgängig für den Verbleib in der EU. James Dyson zum Beispiel, der Milliardär und Gründer des bekannten Staubsauger-Imperiums, plädierte für den Brexit. Seines Erachtens ist die EU «dominated and bullied by the Germans» – sprich von den Deutschen dominiert und schikaniert. Da die Vote-Leave-Kampagne auch von Hedgefonds-Managern aus der City finanziert wurde, gab es offenbar auch im Finanzzentrum Londons Leute, die den Abschied von der EU betrieben.

Eine nicht geringe Zahl vor allem der Engländer empfindet die durch die EU-Mitgliedschaft bedingte enge rechtliche Verflochtenheit mit dem Kontinent offensichtlich als Zumutung. Der *Brexiteer* und heutige Außenminister Boris Johnson brachte die Gefühlslage von sich und seinesgleichen mit der Formel auf den Punkt: «Ja zum Binnenmarkt, aber nein zu all dem anderen Unsinn.» Nun sind die Zeiten einer nur auf wirtschaftsförderliche Ziele fokussierten Europäischen Gemeinschaft (EG) seit mehr als einem Vierteljahrhundert passé. Als der Europäische Binnenmarkt 1993 Wirklichkeit wurde, traten zugleich die Maastrichter Verträge in Kraft, begann das historische Wirken der EU, war «all der andere Unsinn» überwiegend schon fester Bestandteil des neuartigen Staatenbundes, allerdings schon damals sehr zum Unwillen vieler Briten und vor allem der konservativen und mächtigen Boulevardpresse. Sie kreidete John Major nach seiner Unterschrift unter den Maastrichter Vertrag nicht zuletzt an, dem neuen Begriff «Union» zugestimmt zu haben.

Das Vereinigte Königreich mit seinem Union Jack versteht sich traditionell selbst als Union. Und eben weil das Wort Union auf der Insel zentralistische Anklänge hat, kam prompt die Befürchtung auf, die Zentralregierung und das Parlament in London könnten in entscheidenden Fragen nicht mehr das Sagen haben. England preist sich nicht zufällig als Mutterland des Parlamentarismus, dessen Anfänge ins frühe 13. Jahrhundert zurückreichen, als mit der Magna Charta die absolute Macht des Königs eingehegt wurde. Dass nicht in London, sondern in Brüssel immer mehr «zentralistische» Entscheidungen getroffen werden, missfällt nicht wenigen. Und dafür gibt es Gründe. So hat Großbritannien andere historische Erfahrungen in den beiden Weltkriegen und mit der NS-Herrschaft gemacht als Deutschland und andere

Länder Kontinentaleuropas. Die Briten kannten weder das Erlebnis der Niederlage noch die nicht nur von den Deutschen erlebte doppelte Erschütterung der politischen Institutionen und den damit verbundenen Verlust des Vertrauens in die nationale politische Führung.

Das britische Demokratieverständnis setzt auf den offenen Wettstreit und die Zuweisung klarer politischer Verantwortlichkeiten an die Regierung (in aller Regel ohne Koalitionen) und die Opposition. Im House of Commons, dem Unterhaus, in dem die Mitglieder der Regierungspartei und der Opposition sich auf Bänken gegenübersitzen, gehört ein offener Schlagabtausch einfach dazu. Er fällt wesentlich direkter und schärfer aus als im Deutschen Bundestag. Vom Europäischen Parlament ganz zu schweigen; dort gibt es kein Gegenüber von Regierung und Opposition, eher schon so etwas wie das große Rund diverser Koalitionen.

Die politische Meinungsfindung im Mehrebenensystem unionseuropäischer Politik stößt in Großbritannien auf wenig Gegenliebe, weil dort leidenschaftliche Rede und Gegenrede gleichsam unter die Verhandlungstische fallen. Die im Europäischen Rat übliche, teils extrem langwierige Kompromisssuche ist vielen Briten nach wie vor fremd. Zudem hat kein Gericht die Funktion als letzte Instanz politischer Entscheidungen. Anders als in Deutschland oder in der EU werden auf der Insel wichtige politische Entscheidungen traditionell mit der Mehrheit im Parlament getroffen – und nicht durch zuweilen höchstrichterliche Neuinterpretationen alter Gesetze oder Gebräuche durch das Bundesverfassungsgericht oder den Europäischen Gerichtshof in Luxemburg. Warum für viele Briten die Prinzipien der unionseuropäischen Einigung weit weniger im Einklang mit den eigenen Traditionen und Institutionen stehen als etwa für uns Deutsche, hat also auch verfassungsgeschichtliche Gründe.

Die 2012 mit dem Friedensnobelpreis geehrte Europäische Union hält ein knappes Viertel des Weltinlandsprodukts, bestreitet knapp die Hälfte der globalen Sozialausgaben und ist gemessen am Bruttonationaleinkommen der vermögendste Wirtschaftsraum auf Erden. Sie ist ein ungewöhnlicher Staatenbund mit einigen ausgeprägt föderalen Mechanismen. Sämtliche Mitgliedstaaten der EU sind jedenfalls ein nur mehr mit eingeschränkten Hoheitsrechten ausgestattetes Glied. Alle Bürgerinnen und Bürger der – noch – 28 Mitgliedstaaten sind der EU rechtlich mehr verbunden, als vielen wirklich bewusst ist. Deutsche Staatsbürger zum Beispiel stehen nicht mehr mit den viel beschworenen beiden Beinen auf dem Grundgesetz, sondern nur mehr mit einem. Mit dem anderen stehen sie längst auf dem EU-Vertragsrecht. Das Grundgesetz selbst lässt daran keinen Zweifel. Artikel 23 sagt: «Zur Verwirklichung eines vereinten Europas wirkt die Bundesrepublik Deutschland bei der Entwicklung der Europäischen Union mit [...]. Der Bund kann hierzu durch Gesetz mit Zustimmung des Bundesrates Hoheitsrechte übertragen.» Für die Briten gilt bislang nichts anderes – nur ist es mangels einer einheitlich geschriebenen Verfassung für sie schwieriger, diese Tatsache auf einen Blick zu erkennen. Denn eine britische Verfassung gibt es sehr wohl; sie besteht freilich aus einschlägigen, vom Parlament erlassenen Gesetzen und Verordnungen, diversen (historischen) verfassungsrechtlichen Dokumenten und nicht zuletzt aus dem sogenannten *common law*, dem Gewohnheitsrecht.

Ausgiebig ritten die Spitzenfiguren der Brexit-Kampagne – die Tories Boris Johnson und Michael Gove, die in Bayern aufgewachsene Labour-Parlamentsabgeordnete Gisela Stuart und der UKIP-Führer Nigel Farage – ihre Attacken gegen den «Superstaat» EU, der, wie Johnson sich erregte, genauso zum Scheitern verurteilt sei wie die von Napoleon und Hitler gewaltsam begründeten Superreiche. Immer wieder ging es um das als Hort der Bürokraten verunglimpfte «Brüssel», das von ihnen mit überwiegend völlig überzogenen und unkorrekten Schilderungen wahrlich gebrandmarkt wurde. Es gefährde massiv die britische Währung und Wirtschaft, die Steuerhoheit, Grenzen und Sicherheit, hieß es. Die den Wählern mit auf den Weg gegebene Parole lautete: «Let's take back control» – sie glänzte an Bussen, auf Bierdeckeln, Postern und Flugblättern und war ergänzt um die nach Robin Hood klingende Forderung: Wir wollen unser Land zurück!

Nun ist das Schlagwort «Brüssel» nicht nur ein in England beliebtes Kürzel für den Unmut über die Entwicklungen in der Europäischen Union. Grundsätzlich gilt, und das gehört gleichsam zum waltenden Geschäftsmodell der EU: Was etwa im Vereinigten Königreich in weitreichenden Zukunftsgestaltungsfragen wie der Nutzung von Kernkraft von der Regierung betrieben wird – der Bau neuer Atomkraftwerke –, entspricht keineswegs automatisch dem von anderen Bevölkerungsmehrheiten und / oder den Regierungen anderer Mitgliedstaaten gewünschten Kurs. So gesehen entscheidet nach wie vor nicht Brüssel, sondern entscheiden die mitgliedstaatlichen Regierungen an ihren jeweiligen Sitzen, wo es für sie in den großen Fragen langgeht, und bei Rats- bzw. Gipfeltreffen wird dann entschieden, was auf unionseuropäischer Ebene im Rahmen der notwendigen Feilscherei um Kompromisse geht und was nicht.

Bekanntlich ist Brüssel der Sitz der EU-Kommission – und deren Vorgehensweisen, Vorschriften und Gesetzgebungen, soweit vom Rat und EU-Parlament genehmigt, entfalten tatsächlich von dort aus ihre Wirkung. Die EU prägt heute direkt und indirekt die Lebensbedingungen von Unionsbürgerinnen und -bürgern, die in ihrem jeweiligen Mitgliedstaat eine Volksvertretung wählen, welche sich wiederum an die in den EU-Verträgen mit den anderen nationalen Volksvertretungen ausgehandelten Regelungen zu halten hat. Und diese – Primärrecht genannten – Regelungen bestimmen, dass die derzeit noch von 28 Mitgliedstaaten betriebenen EU-Organe sogenanntes Sekundärrecht schaffen können, sprich Gesetze, die dann in der gesamten EU geltendes Recht sind. Rechtsakte erzeugen die von der umtriebigen Kommission angetriebenen EU-Organe unentwegt. Die Finanzdienstleistungen betreffen sie gegenwärtig zu mehr als 80 Prozent, die Wirtschaft, Landwirtschaft, Ernährung und der Umweltsektor zu mehr als 70 Prozent. (So ganz genau weiß das kein Experte einzuschätzen.)[28]

Bislang geschah das mit den Briten. Und auch ihrer Mitarbeit ist es zu verdanken, dass in der Europäischen Union eine Regierungsleistung erreicht wurde, die vom zollfreien Binnenmarkt und im Schengen-Raum abgebauten Grenzkontrollen über den Umweltschutz im weitesten Sinne, den Verbraucherschutz, der Antidiskriminierungsgesetzgebung bis hin zur Unionsbürgerschaft reicht.

Was die EU trotz der vielen schwierigen Problemstellungen der Gegenwart und zumal der noch bestehenden diversen neoliberalen Agenden einschließlich des kommenden britischen Austritts so besonders macht, erhellt der Blick auf den roten Reisepass. Auf ihm glänzt der goldene Schriftzug EUROPÄISCHE UNION über dem jeweiligen Staatsnamen. Bislang auch noch auf dem der Briten. Der rote Pass symbolisiert, dass Unionsbürgerinnen und -bürger auf der Reise in eine Zukunft sind, die das politisch gegebene Konstrukt von auf Gedeih und

Verderb miteinander im Wettbewerb stehenden Mitgliedstaaten eines Tages vielleicht überwindet. Er signalisiert, dass die herkömmliche nationalstaatliche Souveränität und somit auch klassisch nationale Interessen nur mehr eine untergeordnete Rolle spielen sollten. Der rote Pass ist schon deshalb ein Pfund in der Hand, weil er die (zwingend erforderliche) nationale Staatsbürgerschaft automatisch um die Unionsbürgerschaft erweitert. Sie wiederum gewährt all das, was in den europäischen Verträgen festgeschrieben ist. Und was heißt das konkret?

Unionsbürgerinnen und -bürger haben das Recht, sich im Hoheitsgebiet der EU diskriminierungsfrei zu bewegen und sich in jedem der Mitgliedstaaten aufzuhalten, dort einen Wohnsitz zu begründen, eine Firma zu betreiben oder eine Arbeit anzunehmen. Erheblich erleichtert werden Ortswechsel in der EU durch das 1985 vereinbarte Schengener Abkommen, das die Kontrollen des Personenverkehrs an den meisten Binnengrenzen der Mitgliedstaaten bis zu Beginn der «Flüchtlingskrise» überwiegend obsolet gemacht hat. Großbritannien hat das Abkommen allerdings nicht unterzeichnet und die Kontrollen immer beibehalten.

Unionsbürgerinnen und -bürger haben in jedem Mitgliedstaat ein vorbehaltloses Aufenthaltsrecht von bis zu drei Monaten. Das Aufenthaltsrecht für einen längeren Zeitraum entsteht durch den Aufenthaltsgrund. Darunter fallen die Arbeitssuche – einschließlich der Meldung bei einer Arbeitsagentur –, die Ausübung einer Beschäftigung oder einer selbständigen Tätigkeit, das Studium, die Dienstleistungserbringung und der Empfang einer Dienstleistung. Nicht erwerbstätige Unionsbürgerinnen und -bürger genießen ein unbegrenztes Aufenthaltsrecht, wenn ihr Lebensunterhalt einschließlich einer Krankenversicherung gewährleistet ist. Bemerkenswert ist das inzwischen durch EU-Richtlinien verankerte Recht, nach mehr als fünf Jahren des rechtmäßigen Aufenthaltes in einem beliebigen EU-Mitgliedstaat dauernd leben und an den jeweiligen Sozialleistungen partizipieren zu können.

Unionsbürgerinnen und -bürger haben das aktive und passive Recht, an Wahlen zum Europäischen Parlament sowie an Kommunalwahlen des gewählten Wohnsitzes teilzunehmen. Zudem genießen sie bei Aufenthalten in Ländern außerhalb der EU diplomatischen und konsularischen Schutz anderer EU-Mitgliedstaaten, wenn der eigene dort keine Repräsentanz unterhält. Unionsbürgerinnen und -bürger haben das Recht auf Schutz vor Diskriminierung und der personenbezogenen Daten, nicht zu vergessen die im Lissabonner Vertrag verankerte Charta der Grundrechte. Sie umfasst die allgemeinen Menschen- und Bürgerrechte sowie soziale, justizielle und wirtschaftliche Rechte. Grundsätzlich bindet die Charta alle Organe und Einrichtungen der EU, die sie in ihrem gesamten Handeln berücksichtigen sollen, und sie bindet die einzelnen Mitgliedstaaten.

Großbritannien hat die Charta der Grundrechte jedoch nicht unterzeichnet (Polen auch nicht).

Der von der EU erreichte Stand der Integration – sowohl hinsichtlich gemeinschaftlicher Institutionen und Rechtsprechung als auch der abgedeckten Politikfelder – hat einen hohen Grad erreicht. Indessen ist der Zustand der – noch – von 28 Mitgliedstaaten getragenen EU seit 2008, dem Beginn der Finanz- und Wirtschaftskrise, in vielerlei Hinsicht alles andere als gut. Nationalstaatliche Alleingänge häufen sich, und die Wertschätzung der EU nimmt ab. Sah 2007 noch mehr als die Hälfte der Menschen mit EU-Pass die Union positiv, ist es laut den Erhebungen von Eurobarometer gegenwärtig nur ein Drittel.[29] Es ist ungemütlicher geworden im Unions- und Euroraum, und vielerorts schrumpft der Lebensstandard. Gut ein Viertel der Unionsbevölkerung ist von Armut und sozialer Ausgrenzung betroffen. In fast allen Mitgliedstaaten verschiebt sich die Einkommensverteilung zwischen dem reichsten Fünftel und dem ärmsten unaufhörlich zugunsten der reicheren Haushalte.

Die durch die waltende Austeritätspolitik gefährlich ausgeweitete soziale und ökonomische Spaltung bedroht das Jahrhundertprojekt EU ebenso wie der sich im Aufstieg der rechtspopulistischen Parteien spiegelnde Imageverlust. Und da aller historischen Erfahrung nach der Zerfall von Imperien an ihren Rändern beginnt, könnte das britische Referendum über die EU-Mitgliedschaft historisch ziemlich verhängnisvolle Folgen zeitigen. Andererseits haben die Menschen in den anderen 27 Mitgliedstaaten seit dem Brexit-Entscheid nun ausreichend Gelegenheit, sich darüber klarzuwerden, ob es wirklich Sinn macht, ein von innenpolitischen Problemen und Kämpfen überlagertes Referendum abzuhalten, das genau den Vorteil auf die Kippe stellt, den ihrem jeweiligen Nationalstaat nur die EU bietet. Im Reigen der den Welthandel und die Weltfinanz dominierenden Großmächte können selbst noch so stolze europäische Nationalstaaten, auf sich allein gestellt, schwerlich bestehen. Nicht einmal die Schweiz, die durch einschlägige Verträge enger mit der EU verbunden ist, als es auf den ersten Blick scheint.

Die Europäische Union ist zwar alles andere als eine vollkommene politische Form vieler demokratischer Länder Europas, aber sie hat sich seit ihren Kindertagen als EWG behauptet. Zunächst ohne die Briten, dann mit den Briten und fortan ohne sie.

Bleibt die Frage, ob die Union nach dem vom britischen Volk gewünschten Austritt so weitermachen wird oder auch kann wie bisher. Der Rechtsphilosoph Christoph Möllers meint: «Die EU hat sich in den letzten Jahren immens verändert. Sie hat nie so weitergemacht ‹wie bisher›. Dabei wird niemand behaupten, sie habe die Krisen der letzten Jahre gut bewältigt. Die Bankenregulierung ist schwächer als in den USA, die Schuldenkrise bleibt ungelöst, und für die Migration gibt es kein europäisches Regime. Aber diese Fehler werden durch den Brexit eben auch nicht zwingend größer. [...] Deswegen sollte man sich nicht täuschen lassen, wenn nun Politiker fordern, dass die EU sich ändern müsse – und zwar am besten so, wie sie es jeweils immer schon wollten. Gerade weil die EU aus demokratischen Staaten besteht, wird es keine Änderung geben, solange darüber kein Konsens besteht.»[30]

Die EU wird an dem Brexit nicht zugrunde gehen. Im Übrigen beherzigt sie sicherlich weiterhin die britische Weisheit: Abwarten und Tee trinken.

Quo vadis, Brexitannien?

Vor gut einem Jahrhundert erlangte das seit dem 17. Jahrhundert expandierende British Empire durch die Übernahme deutscher Kolonien seine größte Ausdehnung. 1922 umfasste es ein Viertel der damaligen Weltbevölkerung sowie der Landfläche unserer Erde. Allerdings leiteten zu jener Zeit die wachsende wirtschaftliche Macht der USA, finanzielle Probleme und rasch zunehmende Autonomiebestrebungen in all den Dominions, Kronkolonien und Mandatsgebieten bereits den Bedeutungsverlust ein. Als das Empire 1930 gleichsam in den letzten Zügen lag, fasste Winston Churchill das Verhältnis seiner Landsleute mit dem von den Kriegsfolgen und der Weltwirtschaftskrise schwer gebeutelten Kontinentaleuropa in die Worte:

«Wir sind für Europa, aber nicht Teil davon. Wir sind miteinander verbunden, aber kein Bestandteil. Wir sind interessiert und assoziiert, aber nicht absorbiert. Und sollten europäische Staatsmänner uns mit den biblischen Worten ansprechen: ‹Brauchst du Fürsprache beim König oder beim Feldhauptmann?›, sollten wir mit der Sunamitin antworten: ‹Ich wohne sicher unter meinen Leuten.›»[31]

Ob der 1965 verstorbene bedeutendste englische Staatsmann des 20. Jahrhunderts und Literaturnobelpreisträger diese Sätze heute ebenso formulieren würde? Nach der Befreiung vom Faschismus und der bedingungslosen Kapitulation der Wehrmacht beschwor Churchill im September 1946 in seiner viel beachteten «Züricher Rede» eine neue Vision: «Wir müssen eine Art Vereinigte Staaten von Europa errichten. [...] Das Vorgehen ist einfach. Das Einzige, was nötig ist, ist der Entschluss Hunderter von Millionen Männern und Frauen, Recht statt Unrecht tun und dafür Segen statt Fluch als Belohnung zu ernten.»[32]

Churchills Vision bezog sich allerdings ausschließlich auf die zu jener Zeit schwer unter den vielfältigen Auswirkungen des Zweiten Weltkriegs leidenden Völker Kontinentaleuropas. Für sein Inselreich hegte er exklusivere und weltmächtigere Pläne, die jedoch im Winde verwehten. Zwar wirkt der politische, sprachliche und kulturelle Einfluss des erloschenen britischen Empires noch in aller Welt nach. Ein mächtiger weltpolitischer Akteur ist Großbritannien aber trotz seines Sitzes im Sicherheitsrat längst nicht mehr. Mächtig sind nur mehr die Finanzeliten der City of London und der britische Geheimdienst GCHQ, der tatkräftig Telefongespräche, E-Mails, Facebook-Einträge sowie Website-Besuche auch sämtlicher anderen Unionseuropäer ausspioniert und dem US-Geheimdienst NSA zur Verfügung stellt.

Das Vereinigte Königreich hat im Nahen Osten so gut wie keinen Einfluss und spielt in der Bewältigung der

Ukrainekrise keine Rolle. Zudem wurden die Streitkräfte in der afghanischen Provinz Helmand besiegt. In der EU war das ehemalige Weltreich in den letzten Jahren keine treibende gestaltende Kraft und wird zukünftig bestenfalls am Katzentisch sitzen. Im Europäischen Parlament haben die Tories unter den anderen christdemokratischen Parteien viel Ansehen eingebüßt, weil sie demonstrativ aus deren Fraktion austraten. Sie behalten – wie auch die anderen britischen EU-Parlamentarier einschließlich Nigel Farage – ihre Sitze bis zur nächsten Europawahl 2019.

Neben dem Verlust des Empires schlägt mit dem Brexit nun ein weiterer zu Buche: der Verlust der Mitgestaltungsmöglichkeiten in der historisch noch jungen Macht EU mit ihren – noch – rund 500 Millionen Einwohnern. Und all die Briten, die ihren Urlaub gern in den touristischen Zentren Unionseuropas verbringen oder auf dem Kontinent ihren Geschäften und Studien nachgehen, werden wie Churchill 1930 wohl oder übel befinden: Wir sind für Europa, aber nicht Teil davon …

Immerhin, Teil des Commonwealth of Nations bleiben sie. Es entstand Anfang des 20. Jahrhunderts als Reaktion der Briten auf die Autonomiebestrebungen der Herrschaftsgebiete Australien, Kanada, Neuseeland und Südafrika. Es sollte sie weiterhin an das im Zerfall befindliche Empire binden. Das heute von 53 souveränen Staaten getragene Commonwealth wirkt als lose Verbindung überwiegend ehemaliger britischer Kolonien. Das bevölkerungsreichste Mitglied ist der 1950 zur Republik ausgerufene Vielvölkerstaat Indien.

Wenigstens im Commonwealth behauptet das Vereinigte Königreich noch seine traditionelle Führungsrolle. Als Nicht-EU-Mitglied könnte es aber sehr wohl auch in dieser Gruppierung tendenziell an Einfluss verlieren, weil es mit gewissen Pfunden fortan nicht mehr wuchern kann.

Am 25. März 2017 werden die Politiker den 60. Geburtstag der aus der EWG und EG hervorgegangenen EU feiern – also den Tag, an dem einst die Römischen Verträge unterzeichnet wurden. Und zwar ohne die Briten. Die am 13. Juli 2016 inaugurierte Premierministerin Theresa May, die bis zur nächsten Parlamentswahl im Jahre 2020 die Regierung führen will, statuierte bereits vor ihrem Einzug in Number 10 Downing Street: «Brexit bedeutet Brexit» und etablierte im Zuge ihrer Regierungsbildung das neue Brexit-Ministerium, das sie dem ehemaligen Europastaatssekretär David Davis anvertraute. Der zum «Minister für den Austritt aus der Europäischen Union» ernannte, altgediente und strikt konservativ EU-kritische Tory soll bei den Verhandlungen in Brüssel «das Beste» für sein Land herausholen.

Obwohl die brennende Frage nach dem konkreten Zeitpunkt des Austritts-Antrags zunächst offenblieb, bekräftigte May umgehend telefonisch gegenüber Kanzlerin Merkel, dem französischen Präsidenten François Hollande, Irlands *Taoiseach* Enda Kenny und weiteren

Staatslenkern ihren Willen, das Brexit-Votum umzusetzen. Allerdings benötige ihre Regierung noch Zeit für die strategische Vorbereitung der Austrittsverhandlungen.

Theresa May, sie kam am 1.10.1956 als Theresa Mary Brasier in einem Pfarrhaushalt in Eastbourne zur Welt, sorgte gleich bei ihrer Antrittsrede für Verblüffung. Nicht die Privilegierten, betonte sie, sondern die gesellschaftlich Benachteiligten würden von ihrer «Regierung für die ganze Nation» profitieren. Im O-Ton klang das sozialistischer als alles, was die Labour Party in den vergangenen Wahlkämpfen auf dem Zettel hatte:

«Wir müssen die schreiende Ungerechtigkeit bekämpfen, dass die in Armut Geborenen unter uns im Durchschnitt neun Jahre früher als andere sterben; dass Schwarze vor Gericht härter als Weiße behandelt werden; dass weiße Söhne der Arbeiterklasse seltener als alle anderen eine Universität besuchen; dass Kinder auf Staatsschulen deutlich seltener in Top-Jobs aufsteigen als Privatschüler; dass Frauen weniger verdienen als Männer; dass für psychisch Kranke nicht genug Kapazitäten bereitstehen; dass es für junge Leute schwerer als je zuvor ist, ein Eigenheim zu besitzen; dass Mitglieder einer normalen Arbeiterfamilie ein viel härteres Leben haben, als vielen Politikern in Westminster bewusst ist.»[33]

Nicht minder verblüffend war Mays radikaler Umbau des 25-köpfigen Kabinetts. Sie warf acht Minister raus, nicht zuletzt Camerons engen Vertrauten, Schatzkanzler George Osborne, sowie Justizminister und *Brexiteer* Michael Gove. Sie erhöhte die Zahl der Frauen auf sieben – einschließlich der *Brexiteerin* und unterlegenen Mitbewerberin Andrea Leadsom, die als Umweltministerin auch für die Landwirte zuständig ist, die beim Entfall der EU-Subventionen die Hälfte ihrer Einkünfte verlieren werden. Im Kern sorgte May für eine Art Balance zwischen *Brexiteers* und *Remainers.* Erstaunen und international auch Entsetzen rief die überraschende Ernennung von Boris Johnson, der von Gove düpierten Galionsfigur der Brexit-Kampagne, zum Außenminister hervor.

Den wichtigen Posten des Schatzkanzlers erhielt Camerons Außenminister, der *Remainer* Philip Hammond, den May als zuverlässig-bedachtsamen Politiker schätzt. Das nicht minder wichtige Handelsministerium bekam *Brexiteer* Liam Fox, der vor allem binationale Freihandelsverträge mit den USA, China etc. abschließen soll. Kurz, die von May mit austrittsrelevanten Ressorts versehenen Tory-*Brexiteers* müssen nun liefern, müssen ihr Versprechen, das Königreich würde außerhalb der EU in jeder Hinsicht prosperieren, in die Tat umsetzen.

Die Premierministerin lässt keinen Zweifel daran, dass sie in der Partei und in der Regierung absolut das Sagen hat. Zumal bei den Austrittsverhandlungen. Jean-Claude Juncker, der Präsident der EU-Kommission, wird ihren Worten zufolge schon bald erfahren, wie «bloody difficult» sie sein kann. Politisch in Erscheinung trat die nach ihrem Geographiestudium am St Hugh's College in Oxford als Finanzexpertin tätige und mit dem Bankmanager Philip John May verehelichte Konservative ab 1997. Nach dem Einzug als Abgeordnete ins Unterhaus stieg sie in kurzer Zeit zur Generalsekretärin der Conservative Party auf. Seit 2010 diente sie Cameron als Innenministerin und profilierte sich vor allem durch ihr Vorgehen gegen die Einwanderung. Ihre 2015 publik gewordene Aussage, «Immigration verhindere, Zusammenhalt in der Gesellschaft aufzubauen», spricht für sich. Sie verhängte auch das Verbot für Migranten, die weniger als 18 600 Pfund pro Jahr verdienen, ihre ausländischen Ehepartner oder Kinder ins Königreich einreisen zu lassen. Die kompromisslose Hardlinerin May gilt bei jüngeren Tories zugleich als «Modernisiererin», weil sie für die Gleichstellung von Frauen und von gleichgeschlechtlichen Partnerschaften eintritt.

«Gemeinsam werden wir ein besseres Britannien bauen», versprach Theresa May bei ihrem Amtsantritt. Inwieweit sie das unter Cameron und Osborne sozial strangulierte Königreich tatsächlich auf wohlfahrtliche Pfade zurückführen wird, muss die Zukunft zeigen. Das gilt auch für ihr Versprechen, die Macht von *big business* und den Eliten in Westminster einzuschränken.

Fehlt noch das Austrittsgesuch. Wenn es dann in Brüssel vorliegt, handelt die Union gemäß Artikel 50 des EU-Vertrags mit Großbritannien und Nordirland «ein Abkommen über die Einzelheiten des Austritts aus und schließt ein Abkommen, wobei der Rahmen für die künftigen Beziehungen dieses Staates zur Union berücksichtigt wird». Übrigens kam Artikel 50 überhaupt erst auf Drängen der Briten in den Lissabonner Unionsvertrag von 2009. Wenn bei den Verhandlungen innerhalb der festgesetzten zwei Jahre wider Erwarten keine Einigung erzielt wird, endet die Mitgliedschaft des Königreichs automatisch. Im Übrigen müssen dem am Ende vereinbarten Abkommen das Europäische Parlament und der Europäische Rat der Staats- und Regierungschefs zustimmen. Letzterer muss für ein Ja oder Nein mindestens eine Mehrheit von 20 Mitgliedstaaten aufbieten, die mehr als 65 Prozent der EU-Bevölkerung repräsentieren.

Aus heutiger Sicht spricht viel dafür, dass die britische Regierung zur Aufrechterhaltung des Zugangs zum europäischen Binnenmarkt nach der Austrittserklärung ein Verhandlungsergebnis anstrebt, das auf die bereits bestehenden Regelungen der EU mit den Ländern Norwegen und Schweiz hinausläuft. Schwierig wäre das nicht, weil die mehr als 10 000 EU-Rechtsakte, die etwa Norwegen übernommen hat, in Großbritannien ja noch gelten – sie müssten dann nur entsprechend neu im britischen Recht verankert werden. Das gilt zumal für viele von der EU ausgehandelte Freihandelsverträge (auf die komplexen Themen Ceta/TTIP gehe ich bewusst nicht ein). Und nun der Tropfen Wermut: Norwegen musste auch die Personenfreizügigkeit für EU-Bürgerinnen und Bürger übernehmen. Ob sich die Regierung May, in der die Aversion gegen die freie Einreise von Leuten mit EU-Pass ausgeprägt ist, darauf einlassen wird, ist sehr zweifelhaft. Darüber hinaus zahlen Länder wie Norwegen und die Schweiz sehr wohl in die EU-Töpfe ein, sie liefern finanzielle Beiträge, die im Verhältnis zu ihrer Wirtschaftskraft stehen. Für Großbritannien könnte der EU-Beitrag als Nicht-EU-Mitglied zukünftig deutlich höher ausfallen als bisher. Kurz, sollte der ausstehende britische *deal* mit der EU dem mit der Schweiz und Norwegen vereinbarten mehr oder weniger gleichen, wäre das von den *Brexiteers* beschworene Ziel, die Wiedergewinnung von Souveränität, Selbstbestimmung und Kontrolle, implodiert, zumal ihr Königreich auf den EU-Ebenen fortan nicht mehr mitbestimmen kann.

Man sollte sich in diesem Sommer 2016 vor Szenarien hüten, die ausschließlich schwarzmalen. Studien von wirtschaftsnahen Verbänden, die aufgrund des Brexits eine drastische Verringerung des britischen Bruttoinlandsprodukts weissagen – die Rede ist von bis zu einer halben Milliarde Pfund die Woche –, in allen Ehren. Wie immer im Leben kommt es meistens anders, als man denkt. Steuererhöhungen scheinen allerdings wahrscheinlich. Härter könnte das auf Finanzdienstleistungen fixierte Königreich der Abzug von US- und anderen ausländischen Großbanken treffen. Profitiert der sehr lax regulierte Finanzplatz London doch bislang von einem EU-Finanzmarkt-Pass, den nur Großbritannien besitzt. Ihn nutzen vor allem Schweizer und US-Banken, um die viel strikteren Gesetze in den USA und auf dem Kontinent zu umgehen. Wenn diese Lizenz entfällt, dürften so einige Großbanken Zehntausende Stellen verlegen – nach Dublin, Frankfurt und Paris. Aber auch für das große Geld gilt: Noch ist nicht aller Tage Abend.

Die US-Investmentbank Goldman Sachs etwa ernannte im Juli den 2014 ausgeschiedenen Präsidenten der EU-Kommission, José Manuel Barroso, zum Aufsichtsratsvorsitzenden der Londoner Tochtergesellschaft. Was der Drehtür-Lobbyist mit seinem großen Insiderwissen zu tun gedenkt, liegt auf der Hand: Er will «die negativen Effekte der Brexit-Entscheidung lindern».

Große Sorgen – und das womöglich mit Fug und Recht – machen sich die Wissenschaftler auf der Insel. So hatten vor dem Referendum mehr als 150 führende Wissenschaftler um den Astrophysiker Stephen Hawking für den Verbleib in der EU geworben, und eine Umfrage ergab, dass über 90 Prozent der britischen Wissenschaftler die Mitgliedschaft befürworteten. Nach dem Brexit-Votum meldete sich mit dem Astrophysiker Martin Rees ein hochrangiger Forscher und Master des Trinity College in Cambridge zu Wort, der nun um eine Illusion ärmer ist. Seine Darstellung der in Unionseuropa in den letzten Jahrzehnten verwirklichten Zusammenarbeit spricht für sich:

«Einige der größten technologischen Erfolge Europas waren nur durch multinationale Zusammenarbeit möglich. Die EU war dabei quer durch alle Wissenschaften ein wichtiger Knotenpunkt für solche Kollaborationen. Das Erasmus-Programm der EU hat 200 000 britischen Studenten ermöglicht, Erfahrungen in Kontinentaleuropa zu sammeln. Unsere Universitäten sind derzeit Gastgeber für über 120 000 Studenten aus dem Rest der EU. Der Europäische Forschungsrat bietet auf allen Ebenen Stipendien und Förderungen an, und Großbritannien bekommt dabei mehr als seinen anteilsmäßigen Anspruch. Ohne multilaterale Zusammenarbeit sind europäische Länder in der Regel zu klein, um so viele Spitzenleistungen zu stemmen wie die USA, egal, ob in der Forschung oder in der Hightech-Industrie. Und in einer immer dichter vernetzten Welt brauchen wir mehr transnationale Harmonisierung. Die Herausforderungen auf dem Gebiet der Umwelt und der Aufbau einer kohlenstoffarmen Energieversorgung erfordern zum Beispiel neue Infrastrukturen von kontinentaler Größe. Die akademische Welt, die Hightech-Industrie und viele andere Berufszweige in Großbritannien profitieren außerdem davon, Talente aus der gesamten EU zu gewinnen. In meinem College in Cambridge sind die stärksten Studenten in der Regel vom europäischen Kontinent, viele aus der ‹erweiterten EU›, aus Ungarn, Polen, Tschechien. David Cameron hat uns ein Ergebnis beschert, das Europa unwiderruflich schwächen und womöglich das Vereinigte Königreich spalten wird. Was für ein verheerendes Vermächtnis.»[34]

Das Ende vom Lied

In seinem 1859 publizierten Roman «Eine Geschichte aus zwei Städten» schrieb Charles Dickens rückblickend über das 18. Jahrhundert: «Es war die beste und die schlimmste Zeit, ein Jahrhundert der Weisheit und des Unsinns, eine Epoche des Glaubens und des Unglaubens, eine Periode des Lichts und der Finsternis: Es war der Frühling der Hoffnung und der Winter der Verzweiflung; wir hatten alles, wir hatten nichts vor uns; wir steuerten alle unmittelbar dem Himmel zu und auch alle unmittelbar in die entgegengesetzte Richtung …»[35]

Ob dieser Befund für die Briten nach dem Austritt von Großbritannien und Nordirland aus der EU erneut auch für das 21. Jahrhundert gilt?

Gleichsam über Nacht beruhigen werden sich die Verlierer des Referendums, die *Remainers,* wohl so schnell nicht, und die *Brexiteers* werden womöglich die Erfahrung machen, dass ihre Beschwörung: «Take back control!» sprichwörtlich für die Katz war.

Nachweise

Die von mir herangezogenen Daten stammen überwiegend aus den Statistiken des National Information Infrastructure Project (https://data.gov.uk) sowie der Europäischen Kommission, insbesondere aus dem «Entwurf des gemeinsamen Beschäftigungsberichts der Kommission und des Rates», der «Begleitunterlage zur Mitteilung der Kommission zum Jahreswachstumsbericht 2016», Brüssel, 26.11.2015, COM (2015) 700 final. Der Vertrag von Lissabon trat 2009 in Kraft. Er besteht aus dem Vertrag über die Europäische Union und dem über die Arbeitsweise der EU. Die konsolidierten Fassungen finden sich unter: http:/www.europarl.de/de/europa_und_sie/europa_vorstellung/vertrag_lissabon.html

Längere Zitate und spezifische Quellennachweise sind in den Endnoten nachgewiesen.

Anmerkungen

1 Albert Uderzo und René Goscinny: Asterix bei den Briten. Die Erstauflage in Deutschland erschien 1971, hier zitiert nach der Ausgabe vom Ehapa-Verlag 2004.

2 D.H. Lawrence: Lady Chatterley, Reinbek 1973, S. 5 (autorisierte Übertragung aus dem Englischen).

3 Katrin Rönicke: «Gebrochene Herzen», in: Der Freitag, 30. 6. 2016.

4 Vgl. die lokalen Ergebnisse unter http://www.bbc.com/news/politics/eu_referendum/results

5 Zit. nach Süddeutsche Zeitung, «Reaktionen auf den Brexit», 25. 6. 2016.

6 Zit. nach Süddeutsche Zeitung, «Reaktionen auf den Brexit», 25. 6. 2016.

7 Rede vom 14. 4. 2016, zit. nach FES-Reihe Perspektive, April 2016.

8 Zit. nach John F. Jungclausen: «Richtige Schockwirkung», in: Die Zeit, 18. 2. 2016.

9 Gisela Stuart sagte am 15. 4. 2016: «Every week we send L£ 350 m to Brussels. I'd rather that we control how to spend that money, and if I had control I would spend it on the NHS.» Zit. nach Guardian, 27. 6. 2016.

10 Vgl. FAZ: «Wie die deutschen Unternehmen unter dem Brexit leiden werden», 24. 6. 2016.

11 Vgl. Zoe Williams: «Der eigenen Wahrheit verpflichtet. Wie die britische Boulevardpresse den Brexit herbeischrieb», in: IPG, http://www.ipg-journal.de

12 Zit. nach Tom Levine: «Gebrabbel gegen das Übel vom Kontinent», in: Berliner Zeitung, 7. 10. 1999.

13 Vgl. http://www.dailymail.co.uk/wires/reuters/article-3429660/Farce-joke-delusion-British-press-trashes-Camerons-EU-deal.html

14 Vgl. http://www.thetimes.co.uk/tto/opinion/leaders/article4695250.ece

15 Vgl. http://www.telegraph.co.uk/comment/telegraph-view/12165811/EU-summit-David-Camerons-difficult-day-is-exactly-why-Europe-needs-reform.html

16 Vgl. Twitter-Meldung: Nigel Farage@Nigel_Farage, 19. Feb 2016, 23:31: «This is a truly pathetic deal. Let's leave the EU, control our borders, run our own country and stop handing £ 55 m every day to Brussels.»

17 Sarah Vine: «Once I'd have voted Remain. Now I'd rather burn my ballot paper …», in: Daily Mail, 22. 6. 2016.

18 John Lanchester: Kapital. Roman. Aus dem Englischen von Dorothee Merkel, Stuttgart 2012, S. 341.

19 Vgl. Thomas David: «Empathie ist nicht genug». Mit Zähne zeigen wurde sie berühmt, doch ihre neuen Essays zeigen eine andere, zweifelnde Zadie Smith: Ein Gespräch über bürgerliche Heuchelei und das fatale Wellnessprogramm der Literatur, in: Literarische Welt, Die Welt, 9. 5. 2015.

20 Vgl. http://www.migrationwatchuk.org

21 Vgl. «John Chilcot says Iraq war inquiry will not shy away from criticisms», in: The Guardian, 5. 7. 2016.

22 Heinrich Heine: Werke und Briefe in zehn Bänden. Band 3, Berlin / Weimar 1972, S. 422 f.

23 Vgl. http://www.thesra.org/feeding-britain-your-guide-to-the-parliamentary-report-on-food-poverty/

24 James Meek: Private Island. Why Britain now belongs to someone else (revised edition), London / New York 2015, S. 253.

25 Vgl. http://www.instituteofhealthequity.org/projects/fair-society-healthy-lives-the-marmot-review

26 Vgl. http://jdr.sagepub.com/content/95/8.toc

27 Vgl. http://www.siemens.com/press/de/feature/2016/corporate/2016-06-brexit.php

28 Einen differenzierten Zugang zum EU-Recht bietet die offizielle Website eur-lex.europa.eu/de. Auf ihr sind die jeweils aktuellen Vorschläge, Beschlüsse und Schlussfolgerungen des Rats einsehbar. Auf der Website europa.eu/legislation finden sich «Zusammenfassungen der Gesetzgebung», die die wichtigsten Aspekte der Rechtsvorschriften der EU präzise und mehr oder weniger gut verständlich wiedergeben. Die Hinzuziehung der Website ec.europa.eu/prelex ermöglicht den zeitnahen Nachverfolg von Rechtsetzungsvorschlägen im Laufe des langwierigen EU-Gesetzgebungsprozesses.

29 Vgl. die nicht in deutscher Sprache bereitgestellte EU-Website: http://ec.europa.eu/COMMFrontOffice/PublicOpinion

30 Christoph Möllers: «Wirklich so schlimm? Ja. Die Briten haben die Kontrolle über ihr Land jetzt erst recht verloren», in: Die Zeit, 30.6.2016.

31 Winston Churchill: «Rede an die akademische Jugend» (19. September 1946); zit. n.: http://www.europa-union.de/fileadmin/files_eud/PDF-Dateien_EUD/Allg._Dokumente/Churchill_Rede_19.09.1946_D.pdf

32 Zit. nach Boris Johnson: Der Churchill-Faktor. Übersetzt aus dem Englischen von Norbert Juraschitz und Werner Roller, Stuttgart 2015, S. 344 f.

33 Zit. nach The Guardian, 17.7.2016.

34 Zit. nach Süddeutsche Zeitung, «Reaktionen auf den Brexit», 25.6.2016.

35 Charles Dickens: Eine Geschichte aus zwei Städten (A Tale of Two Cities). Übertragung nach älteren Übersetzungen von Julius Seybt und Hans-Georg Noack, Wiesbaden 1959, S. 7.

MIX
Papier aus verantwortungsvollen Quellen
FSC® C083411

Das für dieses Buch verwendete Papier ist FSC®-zertifiziert.